中国出版社学术影响力研究

Research on the Academic Influence
of Chinese Publishing Houses

任全娥 等 / 著

科学出版社
北京

图书在版编目(CIP)数据

中国出版社学术影响力研究 / 任全娥等著. —北京：科学出版社，2019.1
（计量学研究丛书）
ISBN 978-7-03-060068-4

Ⅰ.①中… Ⅱ.①任… Ⅲ.①出版工作-研究-中国 Ⅳ.①G239.2

中国版本图书馆 CIP 数据核字(2018)第 291598 号

责任编辑：邹　聪　张　楠 / 责任校对：王晓茜
责任印制：徐晓晨 / 封面设计：无极书装
编辑部电话：010-64035853
E-mail：houjunlin@mail.sciencep.com

科 学 出 版 社 出版
北京东黄城根北街 16 号
邮政编码：100717
http://www.sciencep.com

北京中科印刷有限公司 印刷
科学出版社发行　各地新华书店经销

*

2019 年 1 月第 一 版　　开本：720×1000 B5
2021 年 1 月第二次印刷　印张：14 5/8
字数：245 000
定价：78.00 元
(如有印装质量问题，我社负责调换)

"计量学研究丛书"编委会

主　编　邱均平

副主编　赵蓉英　文庭孝　张　洋　张　蕊
　　　　　马瑞敏　杨思洛　宋艳辉　董　克

编　委　黄晓斌　王宏鑫　徐久龄　丁敬达
　　　　　任全娥　汤建民　李　江　杨瑞仙
　　　　　温芳芳　王菲菲　余　凡　武庆圆
　　　　　马　凤　曾　倩　牛奉高　陈必坤
　　　　　余厚强　赵月华　柴　雯　朱春艳

总　　序

20世纪60年代以来,在图书馆学、文献学、科学学、情报学领域相继出现了三个类似的术语:Bibliometrics、Scientometrics 和 Informetrics,分别代表着三个十分相似的定量性分支学科,即文献计量学、科学计量学和信息计量学(情报计量学)(简称"三计学")。经过几十年的努力研究和推动,"三计学"都不同程度地取得了一定进展,得到了学术界的广泛承认。"三计学"之间的关系十分密切,尽管它们的研究对象和目的有所不同,但三者的起源相同,并且享有共同的原理、方法和工具,而且随着科学技术的发展和"三计学"的不断拓展,它们之间出现了合流的趋势,还产生了共同的国际学术组织——国际科学计量学与信息计量学学会(International Society for Scientometrics and Informetrics, ISSI)。20世纪90年代以来,随着计算机技术、网络技术的迅速发展和广泛普及,以及知识经济与知识管理的兴起,数字化、网络化和知识化成为信息社会与知识经济时代的显著特征,"三计学"研究的广度和深度不断扩展,信息管理领域又相继出现了以网络信息和数据为计量对象的网络信息计量学或称网络计量学(Webometrics)和以知识单元为计量对象的知识计量学(我们译为 Knowledgometrics),与"三计学"一起并称为"五计学"。"五计学"分别以文献、数据、信息(包括网络信息、情报)、知识和科学活动为研究对象,既有共同基础、交叉融合,又各有侧重、自成体系,成为信息管理领域计量研究的五朵奇葩。"五计学"的形成和发展历程反映了信息管理领域定量研究的不断创新及随着时代和社会背景的变化而不断演变的轨迹,既是文献计量学和科学计量学研究的继承和发展,也是信息管理领域定量研究的拓展与创新。

文献计量学（Bibliometrics）是以文献体系和文献计量特征为研究对象,采用数学、统计学等的计量方法,研究文献情报的分布结构、数量关系、变化规律和定量管理,并进而探讨科学技术的结构、特征和规律的一门分支学科。早在1969年,英国计算中心的普里查德（A. Pritchard）开创性地提出用文献计量学（Bibliometrics）这一新名称来代替统计书目学（Statistical Bibliography）一词,并认为文献计量学是"将数学和统计学的方法运用于图书及其他交流介质研究"的一门学科。文献计量学概念提出后就得到了图书、情报、信息界的积极响应。经过半个世纪的努力,文献计量学已经形成为一门独立的科学学科,并得到了国际学术界的广泛承认。

科学计量学是以社会环境为背景,运用数学方法计量科学研究的成果,描述科学的体系结构,分析科学系统的内在运行机制,揭示科学发展的时空特征,探索整个科学活动的定量规律的一门学科,被人们称为"科学的科学"。科学计量学是以科学本身作为对象进行定量研究的学科。这里所指的"科学",不仅指作为知识体系的科学,而且也包括作为社会活动的科学。科学计量学是伴随着科学学在现代科学技术革命的历史背景下孕育形成的。人类对科学本身的定量研究,可以上溯到19世纪下半叶,到20世纪60年代得到广泛的发展。1961年美国科学史家普赖斯发表了《巴比伦以来的科学》,为科学计量学的诞生奠定了基础。他通过对科学杂志、文献等的统计研究,论证了科学知识指数增长律。由此他被认为是"科学计量学之父"。1963年,美国费城科学信息研究所的加菲尔德博士创立"科学引文索引"（SCI）,为科学计量学研究提供了数据基础。苏联学者弗·纳利莫夫在1969年提出了"科学计量学"（Наукометрия）这一术语,转译为英文Scientometrics。20世纪70年代,我国的科学学工作者开始全面、系统地将国外有关科学计量学的研究成果介绍到国内,使科学计量学研究在我国蓬勃发展起来。它在促进科学学理论研究和影响国家科学政策方面,已经初显身手,并且正在发挥着越来越大的作用。

信息计量学是采用定量方法来描述和研究信息（情报）的现象、过程和规律的一门学科。它是数学和统计学与情报学广泛结合而形成的情报学的一个新兴的定量性分支学科。"信息计量学"（原称"情报计量学"）名称最早出自德文 Informetrie 一词，是由德国学者昂托·纳克（Otto Nacke）最先提出的。在其后的文献中很快就出现了与之对应的英文术语 Informetrics。1980 年 9 月，在德国法兰克福召开了第一次情报计量学（含科学计量学）研讨会，纳克在会上宣传了他提出的"情报计量学"概念。1981 年，在我国期刊上也出现了信息计量学的德文和英文术语，并将其译为情报计量学。Informetrics 一词不仅在英语国家中迅速流传开来，而且还得到了国际文献联合会（FID）的认可，标志着一门新兴分支学科的兴起。早在 1980 年，FID 就设立了情报计量学委员会（FID/IM）。1987 年，第一届文献计量学与情报检索理论国际研讨会在比利时举行，著名情报学家布鲁克斯在会上提议，应将 Informetrics 术语补充到拟于 1989 年在加拿大召开的第二届国际学术会议的名称中去，得到了与会学者的普遍赞同和支持。但直到 1995 年 6 月，在美国芝加哥召开的"第五届科学计量学与情报计量学国际会议"上才更名，情报计量学替代文献计量学出现在会议名称中，现名为"国际科学计量学与信息计量学学会"（ISSI）。由于在 1987 年以来的有关国际学术会议出版的论文集上都有 Informetrics 标题，因此，国外一些著名情报学家都把 1987 年看成是 Informetrics 被国际情报学界正式承认的一年。

我国学术界对 Informetrie（德文）和 Informetrics（英文）术语及其所代表的学科也及时地作出了反应，并给予了应有的关注和重视。早在 1981 年就有相关论文发表。1988 年正式出版的《文献计量学》不仅详细论述了"三计学"的关系，而且还较早系统地提出了情报（信息）计量学的内容框架。只是到了 1992 年，我国有关部门将 Information 对应的译名"情报"改译为"信息"之后，我们对 Informetrics 的译名"情报计量学"也作了相应的改变，译成为"信息计量学"。

网络信息计量学，也称网络计量学，英文为 Webometrics 或 Cybermetrics。它是采用数学、统计学等定量分析方法，对网上信息的组织、存储、分布、传递、相互引证和开发利用等进行定量描述和统计分析，以揭示其数量特征和内在规律的一门新兴分支学科。网络信息计量学研究始于 20 世纪 90 年代后期，最初表现为文献计量学在网络中的应用。自 1997 年阿曼德等在 Journal of Documentation 上发表了《万维网上的信息计量分析：网络信息计量学方法探讨》一文，首次提出了 Webometrics 一词，这一概念很快得到了国际学术界的积极响应，迅速掀起了网络信息计量学研究的热潮，并引起了社会各界的广泛关注。1997 年，以研究网络信息计量学为核心的网络电子期刊 Cybermetrics 在西班牙马德里创刊，标志着网络信息计量学作为一门独立的新兴学科从传统的信息计量学研究中独立出来。随后以 Cybermetrics 和 Webometrics 为主题的研究大量出现。早在 2000 年，在一次国际会议上我们率先发表了"网络信息计量学及其应用研究"一文，首次论述了该学科的由来、概念、产生背景、研究对象、目的、意义、范围和内容等基本问题，后来被学术界广泛认同和引用，在国内外都产生了广泛的学术影响。

网络信息计量学的研究对象是网络信息。可以分为三个层次：一是以"比特"形态存在的最基本的网络信息单元，其类型包括数字信息、文字信息，以及集文字、图像和声音于一体的多媒体信息等；二是关于网上文献（如数字论文、电子期刊、电子图书等）的信息及其相关特征信息；三是关于网络结构单元的信息，包括以网站、网页、链接、数据库等结构为信息单元的信息资源。网络计量学主要是由网络技术、网络管理、信息资源管理与信息计量学等相互结合、交叉渗透而形成的。其研究的根本目的是通过对网上信息的计量研究，为网上信息的有序化组织和合理分布、为网络信息资源的优化配置和有效利用、为网络管理的规范化和科学化提供必要的定量依据，从而改善网络的组织管理和信息管理，提高其管理水平，促进其经济效益和社会效益的充分发挥。

知识计量学是以整个人类知识体系和知识活动作为研究对象，采用计量学方法对知识载体、知识内容、知识活动及其影响等进行定量研究的一门交叉性学科。20 世纪 90 年代以来，随着科学技术的飞速发展，知识化已成为当前科技、经济和社会发展的重要因素和显著特征。知识经济和知识管理在全球范围内普遍兴起，知识作为社会竞争中一种重要的战略资源和经济资源受到了人类前所未有的重视和关注。从不同的角度和不同的层面出发对知识本身及各种知识活动进行广泛的研究成为知识社会关注的焦点，而其中有关知识及其影响的测度、计量也成为重要的研究课题。虽然许多学科领域都从不同的角度出发间接或直接地对知识计量进行了研究，取得了一定的研究成果。但由于各自研究的目的和角度不相同，从而使得知识计量研究零碎、分散且不系统。创建知识计量研究这一相对独立的交叉学科，可以集中有关学科的优秀研究成果，从"知识单元"这一共同的角度入手，对不同领域、不同形态的知识计量进行系统的研究和分析，从而在更深的层次上解决知识计量研究的难题。研究表明，从基于知识载体的计量转移到对知识本身的计量，包括知识体系的宏观计量和知识内容本身的数量、质量、价值和关系的计量，成为发展的必然趋势。

总　序

　　从文献计量学引入我国开始,我们研究团队从 1980 年以来长期、持续地关注信息管理领域的计量学研究,并且率先发表了一系列在国内外都有重要影响力的学术论文,出版了一套反映信息管理领域定量研究成果的"计量学研究丛书",这不仅在国内信息管理领域是首例,而且在国际上也未见报道。

　　我们团队在我国率先开展"三计学"的教学与研究,取得了丰硕的研究成果。在过去多年文献计量学教学和研究的基础上,笔者编著的《文献计量学》于 1988 年在科学技术文献出版社正式出版。该书首次从理论、方法和应用相结合的角度构建了文献计量学的内容体系,是我国出版最早的、为数不多的文献计量学经典著作之一,受到学术界同行的热烈欢迎和好评。它不仅被多所高校采用,作为图书馆学、情报学和信息管理学等学科领域的核心教材,而且被引率至今一直名列前茅,经久不衰。这"无疑是对我国情报学研究和情报学教育的积极贡献,具有开创性的意义"(著名情报学家杨沛霆语)。

　　之后,我们团队又开展了大量有关"三计学"方面的研究,在国内外产生了重大影响。随着信息技术和信息科学的迅速发展,信息资源电子化、数字化和网络化日益普及,给人类社会、经济、科技和文化等各个领域的发展都带来了巨大的影响和深刻的变革。在这种新的社会环境和技术条件下,文献计量学研究出现了许多新的发展方向和趋势。面对这一新形势、新趋势和新课题,我们团队又在国内率先开展了信息计量学和网络信息计量学研究,并于 2000～2001 年以"信息计量学"和"网络信息计量学"为题在《情报理论与实践》杂志上发表了系列研究论文,在国内外学术界产生了巨大反响,被引率一直居高不下,成为开展信息计量学和网络信息计量学研究必看的经典系列文章。2007 年 1 月,《信息计量学》一书在武汉大学出版社出版。该书是我们团队长期从事"三计学"教学与研究的结晶,是反映网络信息时代"三计学"发展特征,面向图书馆学、情报学和信息管理学及相关学科领域教学与研究现实需要的产物,被列入"教育部面向 21 世纪课程教材"和"高等学校信息管理类核心课教材",被遴选为国家精品课程和国家级"十二五"规划教材。2010 年 7 月,在三项国家自然科学基金项目和两项教育部基金项目资助及大量前期原创性成果积累的基础上,国内第一本以《网络计量学》命名的著作在科学出版社出版,弥补了国内网络计量学领域研究的不足。至此,我国网络计量学研究开始进入系统研究和快速发展时期。

　　我们团队早在 20 世纪 80 年代初就开始关注国外知识计量和知识网络方面

的研究动向，并发表了一系列研究成果。著名科学计量学学者赵红州、蒋国华在1995年曾指出：科学计量学和经济计量学两门姊妹学科问题，对于迎接知识经济时代，开展知识经济学研究具有特殊意义。看来很有必要将科学计量学拓展到知识计量学，并与经济计量学结合起来，从宏观和微观上对知识生产和应用、知识投入和产出、知识存量和流量、知识分配和转移、知识价值和价格等，进行广泛的跨学科的综合研究。但是令人遗憾的是，知识计量学在此后很长一段时间并没有得到深入研究和进一步发展。直到2009年，在国家社会科学基金项目"基于知识单元的知识计量研究"（CTQ009）和国家自然科学基金项目"基于作者学术关系的知识交流模式和规律研究"（70973093）的资助下，我们团队在国内发表了一系列具有影响力的原创性研究成果，完成了一系列项目研究报告，并在此基础上有了2014年《知识计量学》一书在科学出版社的出版，填补了国内知识计量学研究的空白。

完成"五计学"的系统研究并形成信息管理领域计量学研究的完整体系，一直是我们团队的共同愿望和奋斗目标。在文献计量学、信息计量学、网络计量学和知识计量学研究的雄厚基础之上，《科学计量学》一书的出版被提上研究议程。经过近五年的精心酝酿、组织、研究和写作，《科学计量学》于2016年在科学出版社出版。至此，信息管理领域的"五计学"系列著作的出版已画上了一个圆满的句号。

"计量学研究丛书"的显著特点主要是：①连续性和系统性强。从文献、科学活动的计量，到信息、网络信息的计量，再到知识及知识活动的计量，是一个连续的和不断深入研究的过程，我们为此连续研究了30多年。现在完成和出版的五个计量学的专著形成了一套系列丛书，构建了信息科学领域计量学研究的完整体系。②创新性和原创性强。五个计量学的著作都是以"著"或"编著"形式出版的，都是在多项国家级项目研究成果和发表大量原创性论文的基础上，经过系统化、规范化的总结、归纳、提炼和升华而成的。《文献计量学》是笔者个人专著，是我国早期出版的几部经典著作之一；《信息计量学》《网络计量学》和《知识计量学》都是以这些学科命名的国内的第一部专著；《科学计量学》也是国内计量学领域为数不多的重要著作之一。五个计量学的专著既有某些共同的交叉的内容，也有具有个性特色的内容体系。它们都有各自不同的计量研究对象，计量研究的目的和内容也不一样，有些类似的规律或定律的表现形式和数值大小各有差异和特色。既融入了作者自己的研究成果，形成各自的特色，又反映了国内外的前沿研究成果，构成了一个统一的计量学研究体系。③水平高、学术性强。"计量学研究丛书"的著者都具有博士学位或高级职称，都是教学、科研第一线的骨干教师或学科带头人，既具有较高的学术水平和雄厚的科研基础，又有撰写著作的经验，从而为打造高水平、高质量的系列著作提供了人才保障。同时，丛书按照理论、方法、应用三结合的思路构建各个著作的内容体系，体现内容上的前瞻性、创新性、科学性、系统性和实用性；注重整套丛书的规范化建设，采用统一版式、统一风格，表现出较高的规范化水平。

从文献计量学、科学计量学到信息计量学，再到网络计量学，最后到知识计量学，既是学科发展深化演变的创新过程，也是我们追随学科发展轨迹孜孜探求的旅程。但愿我们所做的这些科研成果和贡献，能够深入推动"五计学"的不断发展和繁荣。我们站在前人的肩膀上，也愿意成为后人的肩膀。

"计量学研究丛书"的顺利完成和正式出版，首先要感谢各位副主编和编著者的积极参与和配合，还要感谢科学出版社领导的支持和责任编辑邹聪女士的辛勤工作。由于计量学研究的艰巨性、复杂性，"计量学研究丛书"中的不足或偏颇之处在所难免，恳请同行专家和读者批评指正。

邱均平
2014年3月于武汉大学

序

任全娥博士是我在武汉大学指导的第二位获得全国优秀博士学位论文提名奖的学生。她2005年加入我的科学评价研究团队，开始攻读全日制博士学位，2008年按时毕业后进入中国社会科学院工作。转眼十多年过去了，她的勤奋刻苦精神依然不减当年，这让我非常欣慰。最近几年，我不断看到她关于文献计量与科学评价方面的论著发表，在完成日常业务工作之余，还能坚持笔耕不辍，这在科研评价领域，实属难能可贵。

2017年春节刚过，任全娥打来电话，说是向我请教关于图书评价和出版社评价领域的研究问题，同时流露出研究的不易与畏难情绪，我鼓励她克服困难坚持研究下去，争取将研究成果公开出版。可喜的是，2018年年初她就完成了初稿《中国出版社学术影响力研究》。原来她关于图书和出版社评价的思考与探索由来已久，从2013年就开始准备相关指标与数据，2017年又进行了指标数据更新与统计分析，经过不断完善而成此书稿。在书稿付梓之际，她邀请我为此书作序，我答应了，算是对自己学生的一种鼓励吧。

通读全书，我认为基本上可以归纳出以下几个主要特点。

第一，选题新颖。在文献计量与科学评价领域，国内外研究较多的是大学评价、人才评价、期刊评价与论文评价等，而专门针对出版社学术影响力评价的系统研究著作则很少见到。从目前来看，大部分是关于图书的相关数据统计的研究,而针对出版社机构的评价研究,主要侧重于出版社的经济规模、综合绩效或竞争力测评等经济效益方面。任全娥这本书通过分析出版社学术影响力与文献引证指标的关系,以及学术图书出版与学术论文发表在成果传播载体和知识交流网络中的相似性,系统阐述了出版社学术影响力研究的理论基础。在此基础上,作者创新性地提出了用于出版社学术影响力分析的三类文献引证指标,包括学术性指标、专业性指标与辐射性指标,通过分析文献引证关系在图书知识交流中的特点与规律,多方位、分学科测评我国出版社的总体学术影响力、分学科影响力与跨学科辐射影响力。

第二,时间跨度长。为了从实证角度研究出版社学术影响力指标,该书的第四、第五章分别选取2007~2011年及2012~2016年两个五年时段的文献数据作为统计来源,基于中国人文社会科学引文数据库与中国引文数据库,进行了较为详尽而全面的指标统计与实证研究。目前基于图书被引的出版社统计分析,时间上大多以统计当年文献居多,而以十年的长时间跨度来统计文献数据,无疑拓宽了分析视域,更利于进行全面深入的研究,但其中的数据采集与统计处理工作难度也是可想而知的。

第三,学科覆盖广。实证分析是该书的重点内容,也是最具特色的部分。除了数据来源的时间跨度长之外,该书实证的学科覆盖广泛也是一大特色。从书中介绍可知,第一部分实证涉及25个人文社会科学的一级学科,第二部分涉及173个人文社会科学和自然科学的二级学科。在两次实证中,不仅统计出每一个总体被引频次指标的数值,而且还都做了分学科的数据统计,并对15个学科进行了分学科对比与相关分析,尽量充分挖掘数据背后的指标分布规律。同时,实证结果以系列表格的形式展示各个指标的具体数值,从多个角度揭示了我国出版社的总体学术影响力、分学科影响力与跨学科辐射影响力。

第四,问题导向明显。该书以出版社学术影响力作为研究选题,也反映了一种强烈的问题意识。前几年,我国出版社受转企改制的影响,学术出版领域出现了经济效益与社会效益不平衡、学术影响力弱化、专业特色不明显、学术出版门槛下降等现象,这是一个值得关注与研究的社会问题。出版社与编辑部一样,都是人类知识和学术成果的质量把关及生产传播部门,在学术知识交流链条中处于非常关键的环节。当前,我国出版社最需要的是专业品牌和精品意识,而不是单纯追求经济效益。因此,这本书通过客观数据研究出版社的学术影响力与专业分布特征,引导我国出版社重视学术出版、突出专业特色、加强质量控制，可见具有明显的问题导向与较强的现实意义。

当然，正如作者所言，目前我国出版社学术影响力的系统研究还处于起步阶段，可供借鉴的前期成果不多，该书作为探索具有一定的前沿性与创新性，同时也有遗憾与不足。在网络环境下，图书与出版社的学术影响力除了被引用指标，还应包括阅览指标、评论指标及各种网络传播指标。出版形式的多样化、科研成果传播的网络化及资源获取的低成本化，使得越来越多的原创性最新成果发表在开放获取的数字出版平台上，学术传播的社会影响力与学术影响力的概念越来越互相交叉，二者之间的界限也在网络媒体下变得模糊。针对这些新的问题，希望作者能继续深入研究，产出更多的高质量研究成果。

杭州电子科技大学资深教授

中国科教评价研究院（杭电）院长

浙江高等教育研究院院长

邱均平

2018年8月10日

前　言

经过多年的研究探索与艰辛劳作,这部基于文献引证指标的出版社学术影响力研究著作终于告一段落,我不禁感到暂时的释然和欣慰。实际上,我在 2012 年就意识到关于图书与出版社的文献计量指标与学术影响力研究的重要性与迫切性,并开始思索研究的切入点与整体框架。而且,在过去长期从事文献计量指标研究以及撰写专著《人文社会科学成果评价研究》的过程中,我也深刻感受到图书与出版社评价对于人文社科成果评价的不可或缺性。总之,对于人文社科文献信息与成果评价研究工作者,这是一个非常有意义、值得深入探索的研究课题。

此后,我于 2013 年起承担中国社会科学院创新工程研究项目"人文社会科学评价研究与服务",正式开始出版社学术影响力的指标设计和数据准备工作。按照三类文献计量指标的设计思路,我们对 2007~2011 年中国人文社会科学引文数据库中的图书与出版社字段进行了规范处理与数据清洗,初步完成了第一个阶段的出版社指标数据统计与出版社简介信息搜集工作。然而,随着 2014 年 4 月单位机构调整与研究室人员分流,研究项目的进展步履维艰。由于对出版社研究的相关文献梳理与理论基础支撑不够,我们很难通过初步的数据统计结果解释复杂多变的学术出版现象,也未能找出图书和出版社在不同学科的文献引证与知识转移特点、规律及存在问题。

于是，自 2014 年下半年开始，我们的研究主要集中在图书与出版社学术影响力相关研究与实践的进展跟踪、文献梳理、理论探讨与结论分析方面，重点探讨专业出版社的运行特点及学术影响力的理论基础，结合统计结果分析不同学科的图书和出版社被引情况，从中发现问题，并尝试提出可行性对策与建议。与此同时，由于大量出版社官方网站的介绍信息处于不断更新与丰富的过程之中，我们又重新对出版社简介部分的内容逐一进行核实更新和修改完善。直至 2017 年，为了及时反映出版社被引学术影响力的最新数据变化，本研究又延续前五年的指标设计与统计方法，对 2012~2016 年最新五年的数据进行下载统计与对比分析，通过检索中国知网的引文数据库，尝试从更广泛的学科领域（包括人文社会科学和自然科学）来观察和分析我国出版社的文献引证情况与前后变化情况。这样，就形成了 2007~2011 年和 2012~2016 年前后两个阶段的出版社学术影响力实证分析研究。

因此，本书共包括四大部分、六个章节的研究内容。

第一部分，是本书第一章，主要是综述和归纳出版社综合测评及学术影响力研究与实践进展。从目前来看，出版社学术影响力的相关研究大部分是基于对图书的相关数据统计，而针对出版社的综合评价研究，则主要侧重于出版社的经济规模、综合绩效或竞争力测评等经济效益方面。出版社学术影响力研究基本上属于出版社社会效益的研究范畴，一般围绕图书的产出数量、质量与影响力进行出版社影响力研究，即"以书评社"。其中，图书被参考引用是出版社发挥学术影响力的主要形式之一，文献引证指标是测评出版社学术影响力的通用指标，这是文献计量学在出版社学术影响力研究领域的基本思路。

第二部分，是本书第二章，主要讨论出版社学术影响力研究的理论基础。一方面，从出版社学术影响力与文献引证指标的关系来看，出版社被学术文献引用反映了学者在知识生产过程中参考引用了出版社所出版的图书，文献引证关系则反映了图书在知识交流网络中所产生的知识贡献与学术影响，因而文献引证指标理论上可以用来测评出版社的学术影响力。另一方面，从成果传播载体和知识交流网络来看，学术图书出版与学术论文发表具有一定程度的相似性，基于文献引证关系的出版社学术影响力研究，理论上可以参考借鉴相对成熟的期刊被引影响力的研究思路。学术图书与学术论文的评价指标，一般可以归纳为载体指标和自身指标两种类型，而载体指标主要是指学术期刊（编辑部）和学术出版社。因此，类似于"以刊评文"与"以文评刊"之间的互动关系，"以社评书"

前　言

与"以书评社"也应该形成一种良性循环，从而正确引导出版社提高图书的出版质量，同时在图书评价中充分考虑单部图书的自身表现。

第三部分是本书的重点，包括第三章、第四章、第五章，主要内容是关于出版社学术影响力的文献引证指标设计及其实证研究。第三章提出了用于出版社学术影响力分析的三类文献引证指标，包括学术性指标、专业性指标与辐射性指标，尝试通过分析文献引证关系在图书知识交流中的特点与规律，多方位、分学科测评我国出版社的总体学术影响力、分学科影响力与跨学科辐射影响力。针对这三类文献引证指标，第四章、第五章分别选取2007~2011年人文社会科学论文及2012~2016年包括自然科学和社会科学总体论文的两个五年时段的施引文献作为统计来源，基于中国人文社会科学引文数据库与中国引文数据库，进行了较为详尽而全面的指标统计与实证研究。实证结果以系列表格的形式展示出高被引出版社的各指标数值，多角度揭示了我国出版社的人文社科学术影响力与跨学科辐射影响力、25个学科的分学科学术影响力、总体学科的学术影响力及跨学科辐射影响力，并对15个人文社科出版社的分学科学术影响力进行前后两个五年的实证结果对比与相关性分析。

第四部分，是本书第六章，主要对以上两个实证分析得出研究结论。实证研究结果表明，本书提出的三类文献计量指标，可以从多角度揭示出版社的整体学术影响力及分学科学术影响力，同时也反映出我国出版社在转企改制过程中出现的专业性与主题性弱化问题。从总体学科与分学科的文献引证数据分布情况可以发现，在市场竞争的压力下，我国专业出版社不得不借助跨学科出版来提高销售市场占有率与经济效益，这无形中挤压了学术市场与社会效益的发展空间，导致我国出版社的专业性特点不够明显。针对这一现象，我国出版社应尽快合理定位与科学谋划，有效平衡"经济市场"与"学术市场"之间关系，努力提高图书出版的学术影响力与专业竞争力，在由专而强的基础上实现可持续发展。

本书的研究对象主要是中国高被引出版社，因此原计划将这些出版社简介信息以附录的形式放在书后，以便为读者提供多途径参考，但后因版面不足而舍弃。

最后，因指标数据的获取条件所限，本书关于出版社学术影响力的实证研究部分尚存在不足。理论上讲，图书与出版社的学术影响力除了论文被引用指标，还应有图书被引用指标、图书借阅指标、图书发行指标、图书销量指标、图书评论指标，以及其他的各种网络衍生指标。而在实际操作中，这些指标数据的搜集与建设都需要长期积累，目前相关数据库正在建设中或者无法获取高质量图书引文数据，只能以学术论文的文献引证情况为例进行实证分析，从局部范围研究探索出版社的文献引证指标与学术影响力。从引文分析的视角揭示出版社学术影响力的单个引证指标数值及其排序，这是文献计量学理论与方法应用于学术影响力评价的基本优势。在此基础上如果进行多维度的综合评价排名，还需要通过问卷调查等方法广泛征集多方评价主体的定性判断，才能对指标加权赋值。鉴于此，本书重点在于发挥文献计量学的方法优势，按总被引频次指标排序并进行多指标展示，而不是指标赋值与综合排名，这样旨在为使用者提供单指标数据参考，以便其根据评价目标考虑各指标的重要性，按实际需要为指标赋予权重。

综上所述，本书从思考探索到最终定稿历时五年之久，而且相关文献资料与统计数据的时间跨度较长，经过了无数次的内容更新与修改完善，凝聚了诸多同仁的智慧及劳动，在此一并致谢。在研究的第一个阶段，中国社会科学院图书馆原文献计量学研究室的全体人员（包括王力力、苏金燕、郝若扬、耿海英、余倩、冯守礼、逯万辉等）参与了2007~2011年的数据规范与出版社简介信息的搜集整理工作，尤其是逯万辉同志对相关数据的统计处理做出了较大的贡献；在研究的第二阶段，中国社会科学院图书馆文献信息研究室的周霞、贾照滨、刘颖等参与了出版社简介的内容更新与完善，学生贾晨冉、袁永仪参与了2012~2016年的数据下载与处理统计。如果没有他们的帮助，我个人很难完成如此大量的信息搜集与数据处理工作。此外，在我个人的学术成长和研究过程中，更是得到了我的导师邱均平教授、中国社会科学院学部委员黄长著研究员、中国人文社会科学引文数据库创始人姜晓辉研究员，以及中国社会科学院图书馆王岚馆长、蒋颖副馆长和张大伟副馆长等多位老师和领导的关心、指导与帮助，借此机会表达由衷的感谢。在关于图书与出版社评价的信息和资料提供方面，我还要感谢中国知网、北京大学图书馆、中国科学技术信息研究所的同仁，以及其他相关参考文献的作者朋友。

由于目前对出版社学术影响力的系统深入研究还处于探索阶段，加上笔者的自身水平有限，本书难免存在不尽人意之处，恳请各位同行和读者批评指正。

任全娥
2018年6月8日于北京

目　录

总序

序

前言

第一章　研究与实践进展 …………………………………… 1

　1.1　出版社综合绩效考核测评 …………………………… 2

　1.2　基于图书的出版社学术影响力 ……………………… 4

第二章　出版社学术影响力的理论基础 …………………… 15

　2.1　出版社学术影响力与文献引证指标 ………………… 16

　2.2　出版社学术影响力与期刊学术影响力 ……………… 19

第三章　出版社学术影响力的文献引证指标设计 ………… 25

　3.1　指标设计思路 ………………………………………… 26

　3.2　学术性指标设计 ……………………………………… 27

　3.3　专业性指标设计 ……………………………………… 28

　3.4　辐射性指标设计 ……………………………………… 29

第四章　出版社学术影响力实证分析（2007～2011 年） …… 31

　4.1　数据来源 ……………………………………………… 32

　4.2　学科分类 ……………………………………………… 32

　4.3　数据处理与统计 ……………………………………… 33

　4.4　实证结果 ……………………………………………… 33

| 第五章 | 出版社学术影响力实证分析（2012～2016年） | 126 |

5.1 数据来源 …………………………………………127
5.2 学科分类 …………………………………………127
5.3 数据检索与统计 …………………………………128
5.4 实证结果与对比分析 ……………………………128

| 第六章 | 研究结论 | 199 |

6.1 从学科整体看学术性指标与辐射性指标 ………200
6.2 从分学科领域看专业性指标 ……………………201
6.3 从研究方法与实证结果看各学科之间的差异性 …202
6.4 研究不足与展望 …………………………………203

表 目 录

表 4-1　高被引出版社的学术性指标数值（2007～2011 年）……………………34

表 4-2　高被引联合出版社的学术性指标数值（2007～2011 年）………………46

表 4-3　马克思主义学科高被引出版社的指标数值（2007～2011 年）…………47

表 4-4　哲学学科高被引出版社的指标数值（2007～2011 年）…………………49

表 4-5　心理学学科高被引出版社的指标数值（2007～2011 年）………………53

表 4-6　宗教学学科高被引出版社的指标数值（2007～2011 年）………………54

表 4-7　统计学学科高被引出版社的指标数值（2007～2011 年）………………57

表 4-8　社会学学科高被引出版社的指标数值（2007～2011 年）………………57

表 4-9　人口学学科高被引出版社的指标数值（2007～2011 年）………………61

表 4-10　管理学（含科学学、人才学）学科高被引出版社的指标数值
　　　　（2007～2011 年）………………………………………………………62

表 4-11　民族学学科高被引出版社的指标数值（2007～2011 年）………………64

表 4-12　政治学学科高被引出版社的指标数值（2007～2011 年）………………66

表 4-13　法学学科高被引出版社的指标数值（2007～2011 年）…………………70

表 4-14　军事学学科高被引出版社的指标数值（2007～2011 年）………………74

表 4-15　经济学学科高被引出版社的指标数值（2007～2011 年）………………76

表 4-16　新闻与传播学学科高被引出版社的指标数值（2007～2011 年）………82

表 4-17　文化学学科高被引出版社的指标数值（2007～2011 年）………………84

表 4-18　图书馆·情报与文献学学科高被引出版社的指标数值
　　　　（2007～2011 年）………………………………………………………85

表 4-19　教育学学科高被引出版社的指标数值（2007～2011 年）………………88

表 4-20 体育学学科高被引出版社的指标数值（2007～2011 年） ………… 92
表 4-21 语言学学科高被引出版社的指标数值（2007～2011 年） ………… 95
表 4-22 文学学科高被引出版社的指标数值（2007～2011 年） …………… 99
表 4-23 艺术学学科高被引出版社的指标数值（2007～2011 年） ………… 105
表 4-24 历史学学科高被引出版社的指标数值（2007～2011 年） ………… 109
表 4-25 考古学学科高被引出版社的指标数值（2007～2011 年） ………… 114
表 4-26 人文地理学学科高被引出版社的指标数值（2007～2011 年） …… 117
表 4-27 环境科学学科高被引出版社的指标数值（2007～2011 年） ……… 119
表 4-28 出版社的辐射性指标数值（2007～2011 年） ……………………… 121
表 5-1 高被引出版社的学术性指标数值（2012～2016 年） ……………… 129
表 5-2 学术性指标的各指标相关性 ………………………………………… 139
表 5-3 出版社前后两个五年的总被引频次指标数值 ……………………… 140
表 5-4 出版社总被引频次指标在两个五年的相关性 ……………………… 151
表 5-5 马克思主义学科高被引出版社的指标数值（2012～2016 年） …… 152
表 5-6 马克思主义学科出版社的学科被引频次指标相关性 ……………… 154
表 5-7 哲学学科高被引出版社的指标数值（2012～2016 年） …………… 155
表 5-8 哲学学科出版社的学科被引频次指标相关性 ……………………… 157
表 5-9 心理学学科高被引出版社的指标数值（2012～2016 年） ………… 158
表 5-10 心理学学科出版社的学科被引频次指标相关性 …………………… 160
表 5-11 宗教学学科高被引出版社的指标数值（2012～2016 年） ………… 160
表 5-12 宗教学学科出版社的学科被引频次指标相关性 …………………… 162
表 5-13 人口学与计划生育学科高被引出版社的指标数值
（2012～2016 年） …………………………………………………… 163
表 5-14 人口学与计划生育学科出版社的学科被引频次指标相关性 ……… 165
表 5-15 民族学学科高被引出版社的指标数值（2012～2016 年） ………… 166
表 5-16 民族学学科出版社的学科被引频次指标相关性 …………………… 168
表 5-17 政治学学科高被引出版社的指标数值（2012～2016 年） ………… 169
表 5-18 政治学学科出版社的学科被引频次指标相关性 …………………… 171
表 5-19 军事学学科高被引出版社的指标数值（2012～2016 年） ………… 171

表 5-20	军事学学科出版社的学科被引频次指标相关性	174
表 5-21	新闻与传媒学科高被引出版社的指标数值（2012~2016 年）	174
表 5-22	新闻与传媒学科出版社的学科被引频次指标相关性	176
表 5-23	文化学学科高被引出版社的指标数值（2012~2016 年）	177
表 5-24	文化学学科出版社的学科被引频次指标相关性	179
表 5-25	图书情报与数字图书馆学科高被引出版社的指标数值（2012~2016 年）	180
表 5-26	图书情报与数字图书馆学科出版社的学科被引频次指标相关性	182
表 5-27	体育学学科高被引出版社的指标数值（2012~2016 年）	182
表 5-28	体育学学科出版社的学科被引频次指标相关性	185
表 5-29	考古学学科高被引出版社的指标数值（2012~2016 年）	185
表 5-30	考古学学科出版社的学科被引频次指标相关性	187
表 5-31	地理学学科高被引出版社的指标数值（2012~2016 年）	188
表 5-32	地理学学科出版社的学科被引频次指标相关性	190
表 5-33	环境科学与资源利用学科高被引出版社的指标数值（2012~2016 年）	191
表 5-34	环境科学与资源利用学科出版社的学科被引频次指标相关性	193
表 5-35	出版社的辐射性指标数值（2012~2016 年）	194
表 5-36	出版社辐射性指标的相关性	197

第一章

研究与实践进展

从目前的研究文献与实践进展来看，出版社学术影响力测评方法主要是基于图书的相关统计数据，而出版社综合绩效测评则是针对出版机构进行综合性评价。本章主要对我国图书和出版社学术影响力的研究与实践情况进行简要综述。

1.1 出版社综合绩效考核测评

针对出版社的综合绩效测评，主要从机构测评的角度对出版社的综合竞争力、绩效考核等进行综合评价。

1.1.1 出版社综合竞争力测评

从目前的文献调研来看，出版社的评价与排名研究和实践，大部分借鉴企业竞争力评估体系，侧重于对出版社的经营绩效及核心竞争力进行研究。刘拥军[1]认为，出版社竞争力指标体系实际上是由结果性指标系统、成因性指标系统和成长性指标系统三个子系统组成，结果性指标包括生产力、销售力、赢利力和影响力；成因性指标包括资源力和组织力；成长性指标是对结果性指标和成因性指标的动态反映，是一定时间段的竞争力诸指标的变化率，刘拥军通过设定各指标权重构建了出版社竞争力指标体系。吕美[2]提出，出版社竞争力指标体系是由结果层与成因层构成的，其中，结果层包含出版社的市场控制能力和赢利能力两个要素，成因层包含图书生产能力、市场运作能力、人力资源、企业文化和科技水平五个要素，最后其构建了用于具体操作的指标体系，并给出了计算竞争力指数的算法。张近乐和王润孝[3]选取出版社的人均生产码洋、人均销售码洋、人均销售实洋、人均销售收入、人均税前利润、人均出版品种、平均销售折扣、平均回款率作为大学出版社经营绩效评价指标。其他研究文献如《出版社资源配置与 AHP-模糊综合评价》[4]等，也多从市场经营的角度设计出版社综合评价指标体系，几乎没有涉及学术影响力。

在综合测评实践方面，国内较早的出版社竞争力评价，是 2001 年浙江出版

---

[1] 刘拥军. 出版社竞争力指标体系研究. 出版发行研究，2005，(10)：9-18.
[2] 吕美. 出版社竞争力评价指标体系研究. 北京印刷学院硕士学位论文，2006：30-33.
[3] 张近乐，王润孝. 基于熵权的大学出版社经营绩效评价.出版发行研究，2012，(1)：25-28.
[4] 张向华. 出版社资源配置与 AHP-模糊综合评价.哈尔滨师范大学自然科学学报，2010，(3)：45-49.

联合发展集团受当时国家新闻出版总署[①]的委托,通过开发"中国图书出版资源基础数据库"对我国出版企业竞争力进行评价,评价体系分为品种、印数、印张、定价、销售和其他因素六个板块,共 70 余项测评指标,测评对象为全国 75 家科技类出版社。2001 年的综合排位顺序为:科学出版社位居第一,其后依次为人民卫生出版社、中国标准出版社、电子工业出版社、机械工业出版社等。结合前七年的相关指标排位及变化进行分析,笔者发现,科学出版社的位次总体上呈持续稳定提升趋势,1998 年居全国同类出版社第二位,1999 年、2000 年、"九五"综合测评时期和 2001 年,均居全国同类出版社第一位[②]。2014 年 7 月 9 日,中国新闻出版研究院发布《2013 年新闻出版产业分析报告》,报告选取图书出版单位财务报表中的主营业务收入、资产总额、所有者权益和利润总额四项经济规模指标,采用主成分分析法,对全国 552 家图书出版单位的总体经济规模进行了综合评价,前十位依次为:人民教育出版社、高等教育出版社、重庆出版社、外语教学与研究出版社、商务印书馆、人民卫生出版社、科学出版社、知识产权出版社、机械工业出版社和北京师范大学出版社[③]。从以上排名可以看出,前后两个出版社测评体系各有侧重,不同的测评指标得到了不同的测评结果。前者兼顾科技图书产出与市场反应,指标相对综合与全面,排位靠前的主要是专业性较强的科技类出版社;后者采用出版社财务报表进行经济规模综合测评,排名靠前的主要是教育类出版社,这类出版社一般以大量的教材、教辅作为市场支撑。

1.1.2 出版社绩效考核测评

自 20 世纪 80 年代以来,国内众多学者开始对我国不同行业的绩效考核做了较为深入的研究,而对于出版社绩效考核的研究,则是伴随着文化产业改革进程的加速,国内逐步在该研究领域有了一定探索。

邹岚萍[④]对我国出版社考核制度的误区及如何构建科学考核体系进行了阐

[①] 2013 年国务院将国家新闻出版总署与国家广播电影电视总局的职责整合,组建国家新闻出版广播电视总局;2018 年 3 月国务院机构改革,不再保留国家新闻出版广播电视总局,将其裁撤为三个独立部门,包括国家广播电视总局、国家新闻出版署(国家版权局)、国家电影局。

[②] 王晓峰. 2001 年度全国科技类出版社竞争力比较. 科技与出版, 2002, (3): 15-18.

[③] 田园. 2013 年全国出版社各类排名揭晓. 图书馆报, 2014 年 7 月 18 日, 第 A01 版.

[④] 邹岚萍. 出版社考核制度的误区及科学考核体系的构建. 编辑之友, 2002, (2): 30-31.

述，指出了出版社考核工作中存在的问题和构建科学的考核体系要以发展为目的，要将定量与定性相结合，绩效考核中要强调社会效益，并且必须将社会效益放在第一位。王关义[①]从我国出版社经济效益和社会效益两个方面对出版业绩效考核指标体系进行了初步探讨，分析了目前中国出版社绩效考核评价中存在的一些问题，并设计了出版社绩效考核的社会效益指标、经济效益指标，还对评价计分方法进行了设计，为我国出版社的发展提供了政策建议。耿云江和宁艳辉[②]针对我国出版业的特殊性，从经济效益与社会效益两个方面考虑，构建了一套针对上市出版企业的综合绩效评价指标体系，为我国出版业的考核管理提供了参考。文鹏和王亚琼[③]以我国东部的一家出版社为研究对象，系统地阐述了以平衡计分卡理论为思想的出版社绩效考核方案，确立了以财务维度、顾客维度、内部运营维度、学习与成长维度为主要指标的出版社级的绩效考核指标库，对该出版社员工的绩效考核进行了设计。龙永志[④]针对目前专业出版社绩效考核指标体系的研究现状、存在的不足之处和尚未解决的问题，在指标选取上加入了文化效益，以经济效益、社会效益、文化效益为专业出版社绩效考核指标体系研究的二级指标，其中，文化效益以专业出版社阅读群体普及率、图书品牌数量占有率、数字化创新程度和文化产品美誉度为二级考核指标，将层次分析法（analytic hierarchy process，AHP）和模糊综合评价法相结合，综合确定各指标权重，对5家知名的专业出版社和出版集团进行了绩效考核评价，并对考核结果进行了分析比较与科学验证。

1.2 基于图书的出版社学术影响力

出版社的学术影响力更多地是通过所出版图书的学术影响力体现出来的，这有些类似于通过期刊论文的影响力来评价期刊的影响力，即所谓的"以书评社"与"以文评刊"。从目前的研究与实践进展来看，关于图书学术影响力的相

---

① 王关义. 中国出版社绩效考核评价指标体系探讨. 绩效管理, 2009, (5): 29-31.
② 耿云江, 宁艳辉. 出版企业绩效评价指标体系的构建研究. 金融经济, 2013, (6): 127-129.
③ 文鹏, 王亚琼. 基于平衡计分卡理论的出版社绩效考核——以 H 出版社为例. 出版发行研究, 2012, (4): 52-56.
④ 龙永志. 专业出版社绩效考核评价指标体系研究及应用. 南京农业大学硕士学位论文, 2015.

关统计数据主要涉及图书出版规模、图书被图书馆收藏、图书被文献数据库收录、图书被期刊论文引用、图书被图书引用五种类型。

1.2.1 图书出版规模

出版社学术影响力既包括所出版图书被传播和使用的范围及影响力,也包括出版图书的规模总量。出版社的图书出版规模可以反映其知识生产能力与传播能力,王曦[①]选取图书出版的总品种数、总印数、总印张数和定价总金额四项生产指标,运用 SPSS 软件进行主成分分析,对出版社 22 类图书出版的总量规模进行了综合评价。结果反映出,目前出版社出版图书对作者撰写字数的要求越来越低,以工具书、古籍类图书为代表的综合性图书的各项增幅最大,发展势头最为强劲。这类图书具有其他类图书无法比拟的优势,如知识信息含量丰富、内容成熟可靠等,逐渐成为图书出版市场的新宠。研究还反映出,我国图书出版仍过分倚重教材、教辅这一事实,且从变化趋势来看,这一情况将会持续,预计未来一定时期内这类图书依然会是图书出版中最主要的一个门类。

1.2.2 图书被图书馆收藏

我国出版社的图书被国外图书馆收藏量的排名,在一定程度上展示了我国的出版社及其图书的国际影响力分布情况。据报道,2017 年 8 月,《中国图书海外馆藏影响力研究报告(2017 版)》由中国出版传媒商报社、北京外国语大学中国文化走出去效果评估中心课题组联合发布,报告执笔人是中国文化走出去效果评估中心执行主任何明星。该报告从出版社入藏海外图书馆的图书品种数、海外馆藏最具优势的出版板块、被海外图书馆收藏最多的图书、收藏中文图书最多的海外图书馆等几方面展开分析,并对中国的出版社 2016 年全年出版的品种(含 2016 年再版书)和海外图书馆收藏情况进行了研究,展现了中国出版社的知识产品在海外产生的影响力概貌。与往年相比,2017 年报告的数据条件更为严格,改变了以往宽口径的统计方法,扣除了我国上传的联机计算机图

---

① 王曦. 我国图书出版现状的经济分析——基于使用《中国标准书号》的图书出版统计数据的实证研究. 科技与出版,2013,(8):118-120.

书馆中心（Online Computer Library Center，OCLC）的全球在线联合目录（WorldCat），只统计海外图书馆上传的书目数据。报告显示，截至2017年7月，2016年中国共有520家出版社出版的29 608种中文图书进入海外图书馆收藏系统。从出版社来看，被海外图书馆收藏最多的出版社前十名依次为中国社会科学出版社、社会科学文献出版社、科学出版社、中华书局、人民出版社、法律出版社、化学工业出版社、北京大学出版社、长江少年儿童出版社和商务印书馆。该报告从2012年起已连续发布6次，主要从海外图书馆的馆藏数据视角出发，为中国出版界提供每年的海外市场反馈，及时反映中国图书在世界文化范围的分布情况，其已经成为评估中国出版文化"走出去"效果的重要指标。目前，这种基于第三方客观数据的专题效果评估得到了中国出版界主管部门及众多出版社的高度评价与积极响应[①]。但是，如果从图书馆收藏图书情况来评价我国图书与出版社的国际影响力，还需要更加全面客观的数据支撑与深入系统的研究。

1.2.3 图书被文献数据库收录

出版社出版的图书被文献数据库收录情况排名，是基于文献数据库收录图书的优选机制的，主要通过图书引文数据库建设来对各学科图书和出版社进行数据统计质量测评。国内外的引文数据库建设者越来越意识到，学术图书是社会科学领域、艺术人文领域研究成果的重要载体，承载着不可替代的学术传播使命，我们应不断重视与加强图书引文数据库的建设。但是，目前图书引文数据库建设还不够成熟，以被文献数据库收录的数量来对出版社进行排名还处于初步发展阶段。操作层面上仍然存在图书引文数据库建设滞后与数据可用性不强的问题，尤其是中文图书引文数据库在学术影响力评价中的实际应用尚待加强。

实际上，相对于自然科学而言，人文社会科学研究更需要重视图书的传播效果与出版社的质量管理，如何从文献引证角度全面测评我国出版社的学术影响力，需要文献计量研究者与数据库建设机构共同努力。图书著作是人文社会科学的主要出版物形式，如果我们仅考虑被期刊引用的情况而忽略被图书引用的情况，难免以偏概全。但是，由于数据获取条件的限制，目前常用的做法是根据期刊论文

---

① 张玉.《中国图书海外馆藏影响力研究报告》连续六年发布. http://book.163.com/17/0824/20/CSKN6D1R00923P3U.html [2018-6-30].

引用图书的情况来获取出版社的相关指标数据，较少通过来源图书参考引用图书的情况来测度图书与出版社的影响力。这一问题已经引起了国内外引文数据库建设机构的重视，如国外的科睿唯安与国内的南京大学中国社会科学研究评价中心。

科睿唯安从 2011 年底开始在科学引文索引（Science Citation Index，SCI）、社会科学引文索引（Social Sciences Citation Index，SSCI）、艺术与人文引文索引（Arts & Humanities Citation Index，A&HCI）系列引文数据库的基础上推出了图书引文索引（Book Citation Index，BCI）。该索引对学术图书的认定与遴选有严格的标准，图书首先必须有完整的参考文献，其次必须经过同行评议，必须包括所有作者的详细地址信息，目前其以英文出版的图书为主，主要收录 2005 年以来出版的图书。其收录的图书类型包括论著、研究生教科书、学术丛书、再版学术图书、参考文献完备的重要学术性书目类图书，通常不考虑读者对象为大众的普及类图书。截至 2016 年，该索引数据库收录了 5 万多种图书，共 101 万多条记录，同时每年增加 1 万种新书，囊括了自然科学、社会科学和艺术人文类学术图书，并根据人文社会科学的学术交流特点，社会科学与行为科学图书收录比例最高，占到 35%，其次是艺术人文类图书，占到 16%。图书引文索引推出后，在初始阶段有 1350 万种新增参考文献出现在 Web of Knowledge 平台上，内容包括电子和纸质学术图书全文及其全部参考文献，展现了大量原创研究文献或综述被图书引用的情况。像科睿唯安的期刊引文索引一样，这些图书的收录是在严格科学的标准基础上筛选出的，以便提供重要的可用文献资料及其引文信息，这在一定意义上也带有图书评价的意义。其具体的图书收录原则如下[①]：首先，基本的出版标准。出版时间是一个基本的选择标准，自然科学版的 BCI 必须拥有本年度及前 5 年的版权，而社会科学版的图书则为 7 年。出版图书是否得到同行评议，是能否被收录的首要前提，这从内容方面可以保障图书的原创性与科学性。同时，从文献著录信息来看，入选图书必须包括所有作者的地址信息、完整的参考文献书目信息，这为引文分析提供了更为全面的数据基础，包括了部分被图书引用的情况。但是，与期刊论文一样，由于英文是当前全球性的科学交流语言，科睿唯安仍然重点关注以英文出版的学术图书。其次，图书内容的要求。图书必须是原创性的研究内容或文献综述，并提

---

① Testa J. The book selection process for the book citation index in web of science. http://wokinfo.com/media/pdf/BKCI-SelectionEssay_web. pdf [2013-12-16].

供完整的参考文献。对于学位论文图书、教科书、系列图书、传记等具体不同类型的图书，科睿唯安还规定了更为具体和详细的筛选标准，重点体现在收录的学术性、原创性及严谨性上。

南京大学中国社会科学研究评价中心在中文社会科学引文索引（Chinese Social Sciences Citation Index，CSSCI）数据库的基础上，于 2015 年 7 月召开"中文学术图书引文索引"（Chinese Book Citation Index，CBKCI）项目首次成果发布会[①]。2017 年 12 月，CBKCI 成果在南京大学正式发布，这填补了中文学术图书引文索引数据库在国际学术界的空白。CBKCI 数据库以收录 1992 年以来中国（不含港澳台）出版的中文人文社会科学原创学术专著为目标，与南京大学先期研发的 CSSCI 引文数据库进行整合，共同构建成为涵盖学术期刊、学术集刊、学术专著等多重出版形态的符合学术规范和科学评价需求的大数据平台。目前，该数据库已覆盖人文社会科学的 21 个学科，收录学术图书近 5000 种。同时，项目组根据入选书目进行了学术图书的电子化和引文加工，共摘录章节 5.2 万余条、引文 220 万余条，并对章节、引文数据进行了规范，现已全部入库[②]。通过对入选图书及其出版社的分学科进行排序，可以展示各家出版社在每个学科的图书入选数指标中所处的位次。2017 年，南京大学依托 CBKCI 数据库发布了"2017 年被引排名前十位国内出版社"等系列评价产品。

1.2.4　图书被期刊论文引用

出版社图书被学术文献（主要是期刊论文）引用指标可以反映学者在知识生产过程中参考引用学术图书的情况，我们主要采用引文分析法进行图书与出版社的学术影响力测评。由于目前期刊论文引文数据库建设较图书引文数据库建设更为成熟，因此大部分引文分析主要是从被期刊论文参考引用的文献计量角度进行研究的，以促使出版社加强对优秀学术著作的出版传播，更为关注图书对论文创作与知识生产的贡献。这也是目前图书和出版社学术影响力领域最成熟的研究方法与最广泛的研究领域。

---

① 南京大学中国社会科学研究评价中心. "中文学术图书引文索引"第三次专家研讨会在我校召开. http://cssrac.nju.edu.cn/a/xwdt/skxw/20160328/2690.html [2016-5-30].

② 中国新闻网. "中文学术图书引文索引"发布 填补国际空白. http://news.sina.com.cn/o/2017-12-19/doc-ifyptfcn2345699.shtml [2018-2-1].

苏新宁和王振义[①]用1998～2002年的CSSCI引文数据库对大学出版社进行了被引统计分析，列出了大学出版社的被引排名以及影响较大的著作，目的在于呼吁大学出版社重视学术因素。钱玲飞和孙辉[②]基于2000～2007年的CSSCI引文数据统计了新闻传播学领域最有学术影响力的百家出版社，并从多角度进行了分析。朱茗和杨秦[③]借助CSSCI（2000～2007年）教育学论文引用图书的相关数据，统计分析出了在教育学领域最有学术影响的中国（不含港澳台）出版社、中国港澳台地区出版社，以及国外出版社的被引情况。陈士琴和丁翼[④]利用CSSCI（2000～2007年）的数据，对法学领域论文引用图书的出版社的被引频次进行了相关统计，概述了国内外出版社在法学研究中的被引情况，评估了国内对法学最有学术影响的百家出版社，论证了各类出版社在法学领域的学术作用。但是，这些文献计量指标多采用2007年以前的CSSCI数据进行单个学科分析，近几年的出版社引用情况无法反映，尤其是无法反映出版社在各学科之间的引用关系。孙宇和武士华[⑤]基于论文总数及总被引频次对 h 指数进行了分析，采用它作为出版社学术评估的一个定量指标；借用文献计量学的方法，基于重庆维普引文数据库，对所有图书的被引情况进行了分析，按出版社的名称进行了分类汇总，得出出版社的被引频次，并按频次进行排序，计算出43家出版社的 h 指数，对出版社的学术影响力进行了评价。苏成等[⑥]借鉴期刊评价研究的成功经验，提出以"出版社出版图书量""总被引频次""影响因子""被引半衰期"作为评价出版社学术影响力的文献计量指标，并采用万方引文数据库进行实证分析，但因统计跨度只有一年而难以全面反映出版社图书被引用的情况，并且缺乏学科分类评价理念，所以也无法区分不同学科之间的出版社图书被引情况。任全娥[⑦]提出用于出版社学术影响力分析的学术性指标、专业性指标、辐射性指标，并通过

[①] 苏新宁，王振义. 从CSSCI看大学出版社在社会科学研究领域的学术影响. 大学图书馆学报，2005，（3）：70-73.

[②] 钱玲飞，孙辉. 对新闻传播学最有学术影响的百家出版社分析：基于CSSCI（2000—2007年度）数据. 出版科学，2010，（1）：66-69.

[③] 朱茗，杨秦. 对教育学最有学术影响的百家出版社分析：基于CSSCI（2000—2007年度）数据. 出版科学，2010，（3）：80-83.

[④] 陈士琴，丁翼. 对法学最有学术影响的百家出版社分析：基于CSSCI（2000—2007年度）数据. 出版科学，2010，（3）：76-79.

[⑤] 孙宇，武士华. 应用 h 指数科学地评价出版社的学术影响力. 科技与出版，2008，（9）：61-63.

[⑥] 苏成，李旭林，袁军鹏. 出版社学术影响力评价研究——基于文献计量学指标的实证研究. 情报杂志，2015，（2）：84-88.

[⑦] 任全娥. 用于出版社学术影响力分析的三类文献计量指标探讨[J]. 大学图书馆学报，2016，（5）：110-119.

实证研究表明,这三类文献计量指标从期刊引文分析角度揭示了出版社的学术影响力及其学科分布,从而引导学术出版社保持学科独特性与专业优势。

2017年1月7日,《中国学术期刊(光盘版)》电子杂志社有限公司在北京组织召开了中国图书学术影响力评价专家研讨会。会上发布了由中国科学文献计量评价研究中心研制的《中国高被引图书年报》(2016版),包括各学科核心出版单位前三名名单,指标有被引图书数量、总被引频次、学科出版社单位 h 指数。该报告以中国版本图书馆馆藏目录和CIP目录中中华人民共和国成立以来正式出版的图书书目数据(约422万种)为基础,基于中国知网(China National Knowledge Infrastructure,CNKI)数据库中近三年我国学术期刊论文、博士和硕士学位论文、会议论文中引用图书的1450余万条引文,分理科、工科、农科、医科、人文学科、社会科学六大部类共105个学科,按1949~2009年和2010~2014年两个出版时间段,遴选了7万余本高被引图书进行统计,具有较好的数据参考价值。这7万余本高被引图书虽然只占图书出版总量的1.68%,但其被引频次却占总量的67%。数据分析表明,高被引图书的再版率也远远高于平均水平[①]。

南京大学苏新宁主编的《中国人文社会科学图书学术影响力报告》于2012年1月11日在北京发布。据报道,该书是中国首部涉及人文社会科学各学科的关于图书学术影响力的报告,运用文献计量学对图书的学术影响力进行了评价。有专家表示,这一方法一反传统的单纯以个人学识为本、以主观判断为源的图书评价理念,创新了图书评价的方法。该报告全文150余万字,将社会科学按照哲学、政治学、宗教学等分成22个学科,将各学科图书按照文献计量学的方法计算出其学术影响力大小并进行分析和分类排序,共遴选出了3140种具有学术影响力的图书。据苏新宁介绍,该报告从策划到数据处理、从撰写到最终出版,历经了近10年的时间。其从CSSCI的论文中抽取出数百万条被引用的图书数据,进行了纠错、归并等处理,然后根据布拉德福文献离散定律,为各学科拟定了图书遴选标准,共选取了3140种图书[②]。除了公布各学科图书影响力的分析报告,该报告还提供了各学科入选图书较多的出版社、出版社总被引及分学科被引排名前10的首张榜单,但其只是作为附表发布,缺乏对出版社学术影响力的系统研究。

---

① 《中国学术期刊(光盘版)》电子杂志社,中国科学文献计量评价研究中心.中国图书学术影响力评价专家研讨会召开暨《中国高被引图书年报》(2016版)发布. http://piccache.cnki.net/index/images2009/other/2017/ZGTSXSYXLPJ/test.html[2017-5-18].

② 张凤娜.中国首发人文社科图书学术影响力报告.中国社会科学报,2012年1月13日,第A01版.

1.2.5 图书被图书引用

实际上,对于一套完整的学术图书被引统计系统而言,图书对图书的引用与期刊论文对图书的引用都很重要。目前,关于图书被期刊论文引用的研究与开发,早已引起国内外学界与业界的关注和重视,而且相关数据库建设不断取得新的进展,不断产生影响。但是,此类数据库的引用统计较少延伸至图书被图书的引用统计,图书引文数据库的建设及数据统计也相对滞后于期刊论文引文数据。

在这方面,北京世纪读秀技术有限公司从 2011 年开始进行实践探索。最新的 2017 年《图书被引用情况报告》,可以在"读秀中文学术搜索"的官方网站检索到。该报告中的被统计图书包括自 1900 年 1 月 1 日至 2017 年 1 月 30 日发行的且书目数据符合分析条件的 6 412 349 种中文图书,引用图书包括自 1900 年 1 月 1 日至 2017 年 1 月 30 日发行的且全文数据符合分析条件的 3 007 204 种中文图书。该报告的统计方法是在参考文献的被引图书中核对被引用图书的书名、作者、出版年信息,核对正确则计入统计对象,包括被引用种数和被引用次数两种指标,前者主要用于评价图书作者的权威性和考察年代分布与学科分布,后者主要用于评价某种具体图书的学术影响力。研究报告主要包括:被引用图书的出版年分布、被引图书的类别分布、部分被引图书最多的作者、部分被引次数最多的图书、被引图书种数最多的出版社、图书被引用情况报告补充说明。补充说明以问答的形式详细解释了图书被引数据的处理与统计方法。被引种数多的出版社排名前十位依次为:商务印书馆、科学出版社、机械工业出版社、高等教育出版社、中华书局、北京大学出版社、化学工业出版社、人民卫生出版社、清华大学出版社、人民出版社[①]。据报道,《图书被引用情况报告》首次发布是在 2011 年,当时在学界产生了一定的影响。例如,有学者对 2011 年的报告结果进行分析,尝试从图书被引用的角度对我国百年来学术发展的规律和特点进行研究探索[②],也有学者通过对比读秀图书被引情况和 CNKI 图书被引情况的统计结果,揭示图书对图书的引用与期刊论文对图书的引用之间存在不同的偏好和特征[③]。

---

① 北京世纪读秀技术有限公司. 图书被引用情况报告 (2017). http://ref.duxiu.com[2018-7-2].
② 徐贵水,孙莹莹.我国百年学术发展特点初探:基于读秀中文图书被引用报告的分析. 情报杂志,2011,(11):47-51.
③ 林佳瑜. 图书被引用特征探析. 图书馆,2013,(4):53-55.

1.2.6 图书综合性指标统计

综上所述，图书统计数据的大部分研究与实践主要集中于图书被引统计方面，然而，随着各类网络平台的普及与大数据环境的形成，基于图书的综合性统计数据研究将成为图书评价与出版社影响力研究的主要内容和发展趋势。相比较而言，图书的影响力统计除了被引用指标，还有图书借阅指标、图书发行指标、图书销量指标、图书评论指标等。近几年，补充计量学（altmetrics）成为国内外研究的热点，针对图书具有典型的线上传播、线下深阅读的特点，国外专家 Thlwall 等提出了基于谷歌图书引文、OCLC 的 WorldCat 馆藏、在线评论、在线高校课程大纲、出版商信誉、Mendeley 书签等信息源的图书补充计量指标（altmetric 指标）[1]。我国也有学者提出将图书 altmetric 概念广义地界定为包含引文指标、馆藏指标在内的一切在线图书影响计量指标及其应用[2]。而且相关实施平台建设也迅速发展，2015 年 Springer 与 Altmetric.com 合作开发了 Bookmetrix 平台，2017 年 Elsevier 收购 Analytics 后，强化了 Scopus 论文计量（Scopus article metrics）计算模块的图书追踪分析功能。

随着以手机为基础的移动发布和接收平台逐步壮大，信息受众人群也迅猛增加，简单、方便、快捷的生活方式成为人们的日常。例如，作为一个智能 APP，微信即时、免费的服务让其深受人们的喜爱；作为传播媒介，微信也为受众所推崇。微信公众平台的出现和发展，已经给许多行业带来了前所未有的影响和体验。图书出版行业日益形成的以微信公众平台为依托的出版营销方式使图书营销在发展之中不断探索，如广西师范大学出版社"理想国"微信公众平台的影响力在全国名列前茅[3]。这些都在客观上有效提升了图书出版机构的传播力与影响力。张琪[4]以媒介影响力形成理论为理论基础，结合出版业和出版社之特点，运用灰色统计法、专家判断法、层次分析法等方法，构建了出版社微信公众号影响力评价模型，并选择全国少儿类出版社为样本，对该研究所得的出

---

[1] Thlwall M, Kousha K. Web indicators for research evaluation, part 3: books and nonstandard outputs. EI Profesional informacion, 2015, (6): 724-736.

[2] 雷淑义, 吕先竞. 我国人文社会科学学术图书 Altmetrics 评价: 挑战及应用. 图书情报工作, 2017, (11): 133-199.

[3] 向潇. 传统出版社微信图书营销策略研究——基于重庆出版集团和广西师大出版社"理想国"的比较分析. 安徽大学硕士学位论文, 2016: 20-22.

[4] 张琪. 出版社微信公众号影响力评价模型构建及其应用研究. 武汉大学硕士学位论文, 2017: 52-58.

版社微信公众号影响力评价模型进行了应用性研究，研究发现属于大众出版领域的少儿类出版社，与其他专业类出版社相比，其微信运营仍然存在诸如交互体验较差与宣传推广不足等问题。

2012年中国科学技术信息研究所开展了科技图书评价工作，针对中文学术著作设计了定量评价指标体系，构建了一个动态更新的学术著作评价、出版、推介一体化服务平台。该平台面向管理部门、出版机构、图书馆、科研人员等不同对象，通过对学术著作进行评价，为管理部门提供图书出版相关决策支持信息；帮助出版机构有效识别高影响力作者；为图书馆采购重要核心图书提供决策依据；为科研人员了解学科前沿研究方向提供另一个维度的信息。限于数据的可获得性，其主要根据图书被引用次数和图书销售网站给出的图书评分这两个指标开展图书评价。凡获得国家科学技术学术著作出版基金资助的图书，给以加分处理。该平台主要通过以下途径采集基础数据：期刊引文数据采用中国科技论文与引文数据库（Chinese Science and Technology Paper Citation Database, CSTPCD）；中国版权图书馆基础医学领域图书数据；卓越网和当当网销售的基础医学图书的评论信息；国家科学技术学术著作出版基金资助项目的数据。基于该平台，中国科学技术信息研究所对2005～2010年中国出版的4471本基础医学图书进行了分析评价，包括专著1016本、教材2571本、科普读物703本、规范指南88本、非汉语（如少数民族语言、英文、盲文等）图书60本、词典18本和研究报告15本（这些类别均采自中国版权图书馆的数据，未做调整），最终评选出被引用、被评论较多的专著10本、教材10本（排名不分先后）[①]。中国科学技术信息研究所杨洋的硕士学位论文《基于文献计量的中文科技图书影响力评价方法研究》，从图书的形式、内容、效用三个方面选取定量或可量化指标构建中文科技图书评价体系，将书评分析、书目分析和引文分析三种方法相结合，评价指标包括图书总被引频次、评分星级、评论数、销量排名、出版社声誉、版次等，并以2007～2009年基础医学领域学术图书为例进行实证分析，验证了评价体系的有效性，但受技术条件所限，其在作者影响力和书评内容挖掘方面仍有不足[②]。

---

① 武夷山. 2012年中国科技论文统计结果（5）——拓展工作. http://blog.sciencenet.cn/blog-1557-640170.html [2016-1-10].

② 杨洋. 基于文献计量的中文科技图书影响力评价方法研究. 中国科学技术信息研究所硕士学位论文，2012：Ⅱ.

北京大学图书馆继《中文核心期刊要目总览》系列评价报告之后，2005～2009年又立项研发出"中文图书评价指标体系"，组织发动了全国上千余名学科专家参与研究评价。他们采用定量和定性相结合的方法，定量评价采用被引量、借阅量、被摘量、获奖情况、出版次数等指标，进行定量统计和加权平均，得到了学科图书定量排序表；定性评价则请学科专家对定量评价结果进行评审，纠正偏差，使学科图书排序表更加符合客观实际。在定量指标的权重分配中，被引量与借阅量的指标权重最高，分别为0.62与0.30，其余四个指标均为0.02，这是因为被引量与借阅量可以间接体现研究成果的创新程度。

1.2.7 结论

总而言之，关于图书与出版社的测评研究经历了一个从单一化到多元化的演进过程，这反映出这一研究领域具有多视角与多学科的特点。这是因为，图书出版社作为人类知识生产与传播的文化机构，是整个科学文化交流与文化传承链条中至关重要的关键环节。它一方面是客观知识与社会效益的生产制造者，另一方面也是文化传播与经济效益的策划经营者，因此与图书出版相关的研究主题也就涉及较为广泛，包括图书馆、知识服务、文献引证、科学评价、文化传播、学术影响、行业竞争、社会效益、经济效益等。

从上述研究进展来看，前几年大多数的研究比较关注出版社行业竞争力测评、经济效益测评或出版数量统计，这也跟当时出版社的企业化转型有关。最2005年以来，人们开始关注图书与出版社的社会效益和学术影响，研究方法从单纯的出版机构测评转移到通过图书产品来间接反映出版社的社会效益和学术影响，如图书被图书馆收藏情况、图书被数据库收录情况、图书被文献引证情况等，应该说这是一个比较好的发展趋势。而且，随着学术交流环境的网络化与数字化，知识生产与传播模式也在发生变革，关于图书出版及其影响力的测评指标将逐渐多元化与综合化。

目前，关于出版社学术影响力的研究与实践，比较科学可行且富有魅力的研究主题应该是图书与出版社的被引证情况，从中既可以发现类似于论文与期刊的学术交流和知识转移特点，还可以间接测评出版社的学术影响力。然而，从以上综述可以看出，目前学界在出版社影响力方面的研究主题相对分散，研究成果形式较为单一，缺乏深入系统的分学科指标设计与实证研究方面的专门著作。

第一章

出版社学术影响力的理论基础

我国出版业大致经历了三个阶段：第一个阶段是从1956年到20世纪80年代初的完全行政垄断阶段，这一阶段是政府在出版行业中处于完全主导地位，各家出版社在自己的专业领域精耕细作；第二个阶段是从20世纪80年代初到20世纪90年代中期的行政性垄断与相对自由竞争并存阶段，在这一阶段出版行业开始温和地竞争，出版社在自身的优势领域不断加强力量，并开始涉足其并不擅长但利润率较高的其他专业出版领域；第三个阶段是从20世纪90年代中期至21世纪初期的相对自由竞争与新一轮整合垄断阶段，这一阶段的明显特征是大型出版集团和媒体集团相继成立，并出现社会效益与经济效益形成张力、专业出版与跨专业出版互相博弈的发展局面。

出版社作为文化企业，首先以社会效益和文化效益为前提、以经济效益为基础，这正是出版社与一般企业追求经济效益最大化的最大区别。以出版业的功能为标准，我们可把出版业划分为大众出版、教育出版与专业出版（或学术出版）三大板块。其中，专业出版（或学术出版）是指依靠专业的编辑人员，以某些专业领域的特定对象为读者群，针对某些专业领域市场进行形态多样的出版活动，主要从事专业出版的出版社称为专业出版社（或学术出版社）。从本质上说，专业出版（或学术出版）是学术研究的物化形式，是学术成果的展示、传播平台[①]。专业出版（或学术出版）的社会效益与文化效益可以通过阅读、收藏、引用等多种形式产生，更多地体现在社会传播力与学术影响力方面，其中学术影响力测评一般基于文献计量学理论与文献引证关系。

2.1 出版社学术影响力与文献引证指标

2.1.1 学术图书质量控制与出版社学术影响力

学术图书出版物不同于一般物品，它既是精神产品又是物质产品，既具有内在价值和文化属性，又具有使用价值和商品属性。精神文化内容的生产过程由作者和编辑完成，而精神文化内容所需的物质载体则由出版印制者提供。因此，图书出版物的特点及生产过程的二重性决定了它的使用价值既可能产生正面的社会效用，也可能产生负面的社会效用[②]，其使用价值与社会效用有时并非完全一致。正是由于图书出版物的经济效益与社会效益既可能一致，也可能不同甚至对抗，我国的出版社近几年实行了转企改制，这虽取得了显著的经济效益，但也出现了学术不端等问题，如买卖书号等，尤其是当前某些不科学、不合理的学术评价体系与职称评审条件更是催生了大批劣质著作的出版传播。对此，有学者认为："如果学术专著还这样毫无约束地市场化运作下去，其基本

---

① 郝振省. 学术出版规范与中国学术出版. 出版参考，2013，(z1)：62-65.
② 国家新闻出版广电总局出版专业资格考试办公室. 出版专业基础(中级). 商务印书馆，2015：31-33.

的学术把关与评价功能必将丧失。"[①]还有人指出,"事实上,现在已经有不少学术机构在职称晋升中不再考虑学术专著的因素了"[②]。

对于目前存在的学术图书出版的质量控制问题,笔者曾在《人文社会科学成果评价研究》一书中提出如下几点建议[③]:一是健全图书出版专家审稿制度,守住"出版把关人"这一关键环节;二是社会效益目标应先于经济效益目标,强化出版社的学术影响力指标考核;三是注重图书内容的原创性与科学性,大力促进优秀图书的出版与传播;四是拓宽学术图书的传播途径,完善网络化学术出版与评价机制。这四点学术图书出版质量控制建议基本都涉及图书与出版社的测评问题,主要包括图书出版前的质量把关及图书出版后的影响力评价两个阶段。出版前进行质量测评,是为了保障学术图书的出版质量,出版后进行影响力评价,则是为了引导出版社具有更大的传播力和影响力。

出版前的图书质量控制,主要是指上述第一点所说的专家审稿制度与第三点所说的图书内容原创性和科学性标准,其操作实施形式一般包括两种:一种是通过出版资助申请过程中的专家评审机制,由资助单位负责学术质量控制并支付出版社出版经费;另一种是由学者自费出版,由出版社负责学术质量控制。出版后的出版社影响力评价,主要是指上述第二点所说的出版社社会效益与学术影响力以及第四点所说的学术图书网络化出版传播与评价机制,其操作实施形式也包括两种:一种是通过出版前预测图书销量和社会传播范围来实现社会效益与经济效益的兼顾及双赢,这一般是大众化图书与科普性图书较为常用的图书出版质量控制模式;另一种是针对学术性较强的专业图书,采用文献计量学理论与引证分析方法,统计分析学术图书在知识转移交流与知识文献生产中的内在贡献,完全不考虑图书的经济效益而专注于图书和出版社的学术影响力。实际上,对于人文社会科学研究来说,学术成果的大众化社会传播与学术文献参考引证具有相互转换与互为因果的特点,尤其是随着网络环境与数字媒体的形成,二者之间的界限越来越模糊,有些社会热点问题研究往往是从学术圈扩大传播到社会公众的。

在图书出版前的质量控制和出版后的质量控制中,图书与出版社的综合质

---

① 康敬奎. 高校学报市场化的困惑与出路. 学术交流,2011,(11):203-207.
② 石新中. 论学术期刊的市场化. 首都师范大学学报(社会科学版),2013,(3):150-157.
③ 任全娥. 人文社会科学成果评价研究. 北京:中国社会科学出版社,2010:297-299.

量测评属于一种内在的过程测评与综合测评，图书与出版社的影响力测评则属于一种事后的绩效测评，它可以通过多种形式的测评指标反映出来，比如馆藏量指标、被收录指标、被引用指标、销售量指标、网络传播指标等。其中，文献引证指标通常是测度学术影响力的国际通用文献计量指标，一般是以被参考引用情况作为测评指标，因此这种测评方法应该是一种间接性的文献层面的统计分析与参考性测评。

2.1.2 出版社学术影响力与文献引证关系

从学术影响力与文献引证的关系来看，出版社图书被学术文献引用反映了学者在知识生产过程中参考引用了出版社的图书，文献引证关系则反映了图书在知识交流网络中所产生的知识贡献与影响情况，从而使我们可以采用文献引证指标进行出版社学术影响力评价。由于目前期刊论文引文数据库建设较图书引文数据库建设更为成熟，因此引文分析主要是从被期刊论文参考引用的文献计量角度进行研究的，以便从论文引用的角度促使出版社加强对优秀学术著作的出版传播，使其更多地关注图书对论文创作与知识生产的贡献。

尽管文献引证指标可以在一定程度上反映出版社的学术影响力，但是，所谓指标实质上是刻画事物某一方面特征的简化与抽象标识，而指标体系构建常常会伴随着个性化信息的流失。这里的文献计量指标是文献统计意义上的学术影响力指标，比较适用于宏观趋势分析或中观层面的学术影响力测评。文献被引分析主要通过数学与统计学方法，对学术期刊、学术论文、学术图书及出版社的引用和被引用现象进行分析，以揭示其数量特征和内在规律。从文献计量视角探讨出版社学术影响力指标，前提条件就是假设出版社图书被文献引用意味着其被学者关注使用，从而产生学术影响。

从学术交流特点与文献使用规律来看，学术论文和学术著作是科学研究成果产出的主要形式，研究成果公开出版之后，便以客观文献的形式进入公共信息的传播领域，从而成为文献计量学研究与分析的对象。在各种学术文献中，学术论文在学者交流学术思想时显得更为方便快捷，学术论文的参考文献（包括图书类型的参考文献）也能较好地从一个侧面反映作者的科研轨迹与学术路径。学者在撰写学术论文或图书的过程中，对参考文献的选取与引证行为，大部分是一种认可、归誉与引荐，也会有少部分反驳或证伪，但都是以各自的形式在推动科学的前进与发展。此外,出版社的学术影响还包括图书订单情况、图书借阅情况、图书再版情况等,被文献引用只是学术影响的一个重要方面。从知识转移的一般流程来看,学者一般需要通过购买图书、借阅图书并消化吸收书中的知识内容,才可能将这些知识与头脑中已有的知识融会贯通,进而形成新的学术论文或图书文献,因此,被引用指标能比较集中地反映引用对象的学术影响力。从学科区分来看,由于学术文献所属的学科领域不同,其参考文献的组成结构与引文类型也会存在差异,如人文社会科学一般更倾向于引用著作、年鉴、史料等图书类参考文献,而且各学科对图书及出版社的引用分布情况也各有不同。可见,考察人文社科整体及其各学科文献对图书的引用分布情况,探讨出版社学术影响力与分学科影响力文献计量指标,可以全方位、多角度地揭示出版社对各学科论文的知识贡献。

与此同时,人文社会科学研究的文献引证行为中既有较为常见的期刊论文引用,也有对学术图书的引用,理论上的引文分析应该基于期刊对期刊的引用、期刊对图书的引用、图书对期刊的引用、图书对图书的引用,应通过立体引文网络更客观、更全面地分析文献影响力。但是,由于数据获取条件的限制,目前较为成熟的做法是根据来源期刊中的论文引用图书情况来获取指标数据,较少通过来源图书参考引用图书的情况来测度图书与出版社的影响力。实际上,图书著作是人文社会科学的主要出版物形式,如果仅从被期刊论文引用的角度来评价人文社会科学成果,难免以偏概全。因此,需要从理论上认真研究人文社会科学中各学科的学术交流规律,通过时间限制、空间限制与阶段限制来设计评价指标体系,以实现文献计量方法的"有限评价"功能,使其和社会评价、同行评议等评价方法共同参与学术评价活动[①]。因此,本书对出版社的学术影响力进行分析,只是文献计量与引文分析层面的一种研究方法和分析视角,全面测评图书与出版社学术影响力将是后续的研究内容。

2.2 出版社学术影响力与期刊学术影响力

从知识传播载体和学术交流网络来看,学术图书出版与学术期刊出版具

---

① 任全娥,郝若扬. 基于文献引证关系的人文社会科学论文评价. 大学图书馆学报,2012,(3):111-118.

有一定程度的相似性。出版社与期刊编辑部都需要将作者的研究成果以文献载体的形式呈现出来、传播出去，成果的参考文献都体现出知识转移脉络，从而构成学术图书与学术论文的文献引证网络。因此，基于文献引证关系的出版社学术影响力研究，在理论上可以参考借鉴期刊学术影响力的相关研究成果。

2.2.1　图书出版与期刊出版的相同之处及优势互补

1. 相同之处

学术期刊和学术图书的关注点相同，都致力于发表前沿和创新的科学理论及学术热点，虽然二者属于两种不同的知识传播体系与信息媒体形式，但在正式学术交流途径中没有本质区别。学术期刊通过报道或刊载最新的科学成果，开展各种行业活动或学术活动，可以及时掌握与发表各学科领域前沿的学术或文化动态，并对整个行业、学科或领域产生辐射作用。学术图书可以对期刊传播中部分成熟的、稳定的知识内容进行深入、系统与全面的研究和加工，将学术价值和知识文化含量高的成果贡献给社会与学界。无论是学术期刊还是学术图书，一般都倾向于发表或出版高质量的学术研究成果，如院士的论文和专著、国家基金资助的论文或者对基金课题进行总结的学术著作、学术大家最新的研究成果等。

从作者群体来看，同一专业领域的学术期刊和图书的作者往往属于同一学术群体。大部分学术图书的作者，往往是先在同领域的科普期刊上发表多篇文章后再出版图书。作者会将其在某个领域内取得的阶段性突破成果首先发表在学术期刊上，以获得科研成果的优先权，之后再将该成果进行深入发掘，全面系统地以出版学术图书的形式将科研成果展示给世人，甚至知名学者还会将其系统深入的科研成果进一步广泛传播，以大众通俗易懂的形式推广其科研成果与学术思想。

从编辑队伍来看，学术期刊一贯提倡"编研结合"的方针，即某一学科领域的期刊编辑应该从事该领域研究，熟悉该领域的最新研究进展。但是，近几年我国大型的出版社已经在开展专业图书编辑队伍建设，如商务印书馆按照学科配备高学历编辑队伍，从图书选题策划到出版、传播营销，整个业务流程都实行分学科领域的操作机制，充分发挥编辑的知识背景优势与学术专业优势。

从读者受众来看，相对于大众媒体来说，学术期刊和同一专业领域的学术图书都属于小众产品，其受众也相对稳定，都具有相似的专业和研究背景。虽然也会有一部分读者受众可能来自不同的专业领域，在学术交流中存在跨学科的现象，但他们对该专业的兴趣点基本是相同的。

2. 优势互补

学术期刊一般具有权威的编委会成员与固定的办刊宗旨，经过较长时间的发展形成了特有的品牌形象，具有较高的学术价值。学术期刊编辑部的办刊方针一般是"编研结合"，编辑大多具有较深厚的专业背景和较高的学术素养，对本专业领域的发展历史、前沿技术和成果都有一定的了解。期刊编辑通过处理稿件、采访、学术交流等活动可以接触大量工作在科研一线的专家学者，既掌握了选题资源，又掌握了作者资源，而且作者资源在相对较长的时期内比较稳定，因此这方便编辑约稿和后续合作。然而，由于学术期刊是连续性出版物，各刊期之间的关联度很高，所以学术期刊的学术影响与社会效益需要通过长期的持续努力才能显现。而且，由于大部分学术期刊杂志社是依托于学术研究机构的事业单位，具有稳定的办刊经费，经济压力较小，因此学术期刊编辑一般较少接触市场，对市场反应不太敏感，而是更多地关注期刊内容与学术影响。

我国的出版社绝大多数是通过转企改制实行企业化运作，出版社对每一本图书都有经营考核指标，图书策划编辑要对自己所经手的每一本书的市场销售或者资助资金负责，因此他们普遍比科技期刊编辑更有商业头脑与市场意识。但由于图书编辑一般要同时策划多个专业领域的图书出版，因此他们某个专业领域较为系统深入的知识则相对较为欠缺。所以，图书策划编辑对选题的市场敏感性弥补了科技期刊编辑这方面的欠缺；而科技期刊编辑在选题专业性和作者资源方面的优势则可弥补图书策划编辑的专业知识不足。

近几年，随着大型专业出版集团的形成与数字网络化知识传播的需要，许多专业出版社在专业化出版的指导方针下，充分利用专业出版自身的积累和在专业领域的影响，不断拓宽出版渠道和产品形态，不仅出版学术图书，同时也出版专业期刊、专业电子书，建立专业数据库，进行专业数字出版等，通过立体化的产品和服务开发，走新媒体融合发展条件下的立体化专业出版和知识服务道路，逐渐实现了学术图书出版与学术期刊出版的优势互补。

2.2.2 从期刊的"以刊评文"看出版社的"以社评书"

从知识生产角度来说，出版学术图书是人文社会科学领域学者产出科研成果的主要形式；从知识交流角度来说，人文社会科学学术成果对学术图书的参考引用比对期刊论文的文献引证更为常见。文献引证网络反映出人类进行正式知识交流的主流途径，主要包括文献施引与文献被引两个文献引证指向。基于图书文献的引文分析，包括图书被论文参考引用与图书被图书参考引用两种类型，分别涉及论文引文数据库与图书引文数据库。多年来，在文献计量与引证指标研究方面，关于学术图书施引与被引的深入研究一直受限于图书引文数据库建设的缺失，被图书引用即图书的施引现象近几年才开始引起国内外数据库机构的重视。目前，图书与出版社的引文现象和引证规律主要是指被期刊文献引用，研究方法借鉴论文与期刊的文献引证指标统计方法。但是，尽管图书出版与文献引证对人文社会科学研究领域而言较为重要，但学术界对学术图书与出版社的文献引证指标的研究一直滞后于对学术论文与期刊的文献引证指标的研究。

笔者认为，学术论文与学术图书的评价指标一般分为载体指标和自身指标两种类型，而载体指标主要包括学术期刊和学术出版社。类似于"以刊评文"与"以文评刊"的关系，"以社评书"与"以书评社"也需要形成一种良性互动。比如，在本书对出版社学术影响力的指标设计中，出版社的"高被引图书数"是一个非常重要的测评指标。高被引图书数是指该出版社出版的高被引图书的数量，而高被引图书是指总累计被引频次或分学科累计被引频次居于前3%的图书。它用来反映该出版社所出版的总被引或分学科被引频次较高的图书种数，我们一般认为这些图书具有较高的学术性，在学术界具有一定影响力，是综合考虑出版社的出版数量与质量的一个指标。

有学者提出，学术著作的学术影响或社会效益一般不会很快就产生，如果在其学术影响或社会效益还不明显的时候进行评价，就很有可能被出版社的"档次"所左右，那么图书评价就会重蹈论文评价中"以刊评文"的覆辙，出现"以社评书"的现象，即评价图书时单纯地以出版社的影响来评判图书的学术质量，就像评价论文时单纯地以期刊"档次"来评判论文的学术价值一样。有学者认为，目前学术界的图书评价尚无"核心出版社目录"作为依据，对于图书评价来说，这既是一种不幸，也是一种幸运。所谓不幸，是指有些科研管理者因没有了易于操作的评价工具,面对图书评价就只能束手无策,于是就索性取消了图书评价,则在平时考核时图书一律不计入高质量科研成果之列(除非得了省部级以上的奖励),以至于应该得到评价的图书得不到应有的评价。所谓幸运,是指有些科研管理者因没有"核心出版社目录"作为工具,就不得不把图书送出去请同行评价[①]。

  上述关于图书评价与出版社评价、论文评价与期刊评价的观点与现象,在当前学术界具有一定的代表性与普遍性。这是因为长期以来,"以刊评文"现象备受诟病,这也引起了期刊评价界、学术研究界及科研管理部门的各种误导与质疑,甚至影响到优秀学术成果的产出及创新性人才的成长,迫切需要人们澄清认识。顾名思义,"以文评刊""以刊评文"涉及"评刊"与"评文"两个层面的评价问题,前者是以学术期刊为对象,后者是以学术论文为对象。二者都具有各自特殊的评价指标体系,而双方评价指标的交集部分所衍生出来的表象问题,就逐渐形成了所谓的"以刊评文"的现象,落脚点是"评文"。而且,在评价学术论文的指标中,国内外较为常用的定量指标主要有两类:一类是学术论文的自身表现指标,如论文被引用、论文被转载与论文获奖等;另一类则是学术论文的载体评价指标,即论文发表的期刊质量等级,也就是所谓的"以刊评文"。由此可见,"以刊评文"属于论文评价中存在的问题,是指简单按照期刊的评价结果来评价论文,问题指向的是科研管理部门对期刊评价结果的使用问题而并非期刊评价本身。这一问题的解决,需要从"评刊"开始,首先要"以文评刊",即通过对期刊论文的内容特征和形式特征进行客观分析来评价期刊。期刊登载论文内容的学术性,是期刊作为评价对象的基础门槛(如设定刊登学术论文数量在 80%以上的期刊为学术期刊),而论文的题录信息、获奖情况、被引用与被转载等可以作为评价期刊的形式特征指标。其中,期刊论文的著录规范所形成的题录信息可以作为文献计量评价指标的数据来源,期刊论文的获奖情况与转载情况则反映出期刊所发表论文的综合质量,而论文被引用频次则可以从参考文献的角度分析期刊的学术影响力。在评价实践中,这种"以文评刊"的成功案例有很多,如中国人民大学书报资料中心依托一套科学的报刊论文评价遴选标准及评价结果,成立了人文社会科学学术成果评价研究中心,并发布了期刊评价等系列分析报告。由此看来,如果能在论文评价中客观地参考

---

① 张觉. 图书评价莫蹈"以刊评文"之辙. 中国社会科学报,2015 年 3 月 25 日,第 5 版.

期刊评价结果，并结合单篇论文的质量进行评价，那么在制定科研管理制度与进行学术资源分配时"以刊评文"就具有一定的合理性①。

本书认为，如果在出版社评价与期刊评价中遵循"以书评社"与"以文评刊"的操作理念，正确引导出版社与学术期刊提高图书和论文质量，同时在图书评价与论文评价中考虑单篇（部）论文（论著）的实际表现，则可以形成"以书评社"与"以社评书"、"以文评刊"与"以刊评文"之间互为因果的良性循环关系。由此可见，大可不必回避甚至批判"以社评书""以刊评文"的现象，而是应该探索更加科学合理的出版社评价指标体系与期刊评价指标体系，从而为图书评价与论文评价提供科学可靠的参考依据。

---

① 任全娥. 以刊评文是以文评刊的结果. 中国社会科学报，2011 年 11 月 10 日，第 014 版.

第三章

出版社学术影响力的文献引证指标设计

  本章基于前期研究成果，设计出一套出版社学术影响力文献引证指标，用以分析文献引证关系在图书知识交流中的特点与规律，分学科、多角度测评出版社的知识传播贡献与学术影响力。出版社学术影响力文献引证指标包括学术性指标、专业性指标与辐射性指标，三者分别从文献引证关系角度反映出版社的整体学术影响力、学科专业影响力与跨学科辐射影响力。

3.1 指标设计思路

针对当前学术图书出版中存在的问题及研究现状，本书尝试设计出一套相对科学、规范的出版社学术影响力测评与质量控制体系，以便用来定期对我国学术出版系统进行指标观测，以及作为结果参考，旨在有效促进出版社的自评自建与综合效益提升，促进优秀学术著作的出版遴选与知识传播。

如前文所述，目前的出版社学术影响力测评主要通过文献引证指标体现出来。根据出版社在文献引证关系中的引文表现，本书设计了出版社的学术性指标、专业性指标和辐射性指标三类文献计量指标，从学科整体与分学科两个角度揭示出版社的学术被引影响力。其中，学术性指标从整体上反映出版社对社会科学和人文科学论文的影响力；专业性指标分学科反映出版社对某一学科论文的学术影响力；辐射性指标反映出版社同时对多个学科论文的学术影响力。

在指标设计及实证分析过程中，充分考虑了引证指标功能、实施条件及数据特点，采取了分学科统计、单指标排序及指标数值全面展示的研究理念，选取不同的数据源与时间段来研究出版社的学术被引影响力。文献计量指标对于学术影响力评价来说有一定局限，为了客观反映文献引证指标的有限评价功能，我们主要对出版社的单个引证指标进行统计与排序，而不对各指标数值进行加权赋值与综合排名。这一方面是为读者提供信息备查功能，另一方面是给评价者留下足够的参考空间，使其根据实际评价目标对单个指标数值自行加权赋值，以便指标合成与综合测评。

因此，通过对上述三类文献计量指标进行学科类别划分、单指标统计与全面指标展示，可以为使用者提供出版社的各种引证指标客观数据。在这三类指标中，学术性指标包括总被引频次、高被引图书数、册均被引频次三个二级指标要素；专业性指标包括学科被引频次、学科高被引图书数、学科册均被引频次三个二级指标要素；辐射性指标包括跨学科数、高被引跨学科数、跨学科指数三个二级指标要素。其中，学术性指标与专业性指标均包括被引频次（总被引频次、学科被引频次）这个二级指标，它是反映出版社学术影响力的主要参考指标与排序依据。本书按照总被引频次指标及学科被引频次指标的数值将出版社降序排列，计算出版社的 h 指数，并据此选出学术性高被引出版社及分学科高被引出版社，列表展示这些出版社的册均被引频次与高被引图书数的指标数值。h 指数是一个混合量化指标，其初始目的是测评科学家作为独立个体的研究成果，在本书中，h 指数是指在出版社出版图书的被引排序中，至少被引用了 h 次的 h 个出版社。

与此同时，在具体数据的统计中，三类文献计量指标对引证文献的数据需求各有侧重。首先，在统计学术性指标时，需要首先保证作为统计对象的施引文献是学术论文而不是社论、报道或讲话等，而且统计范围应覆盖人文社会科学主流学术期刊上登载的学术论文。其次，在进行专业性指标的统计时，应做好学术论文的学科分类问题，这样才能区分出不同学科的高被引出版社，统计出版社的专业性指标与辐射性指标。最后，辐射性指标的统计还要在做好论文分类的基础上，计算出版社在论文参考文献中的跨学科数、高被引跨学科数与跨学科指数。

3.2 学术性指标设计

1. 总被引频次

总被引频次是指某出版社自创社以来所出版的全部图书，在一定时间窗口（本书是 5 年）内被所有学科论文引用的总频次。这是一个较为客观的绝对量指标，可以直观反映各出版社被利用和受重视的程度，以及其在学术交流中的作用和地位。一般来说，总被引频次侧重于揭示出版社长期的学术影响力情况，适用于发展历史悠久、规模较大的出版社。

2. 高被引图书数

这也是一个绝对量指标，是指在一定时间窗口（本书是 5 年）内，某出版社所出版的高被引图书的种数。这里的高被引图书是指累计被引频次在总被引排序中居于前 3% 的图书，这些图书在学术界一般被认为具有较高的学术性与影响力。高被引图书数指标是从图书影响力的角度来考察出版社的学术影响力的，有利于引导出版社多出版精品图书，使其既重视出版数量，又重视出版质量。

3. 册均被引频次

册均被引频次是指某出版社在一定时间窗口和数据范围内（本书是 5 年的引文数据）所出版的每一种图书，被所有学科论文引用的平均频次（这里的"册均"是指"平均每一种图书"），该指标计算方法如下

$$册均被引频次 = \frac{某出版社5年间出版图书在该统计时段被引用的总次数}{某出版社在该时间段出版的图书品种总数}$$

该指标的数值计算是以《中国出版年鉴》（2007~2011 年）中出版社所出版图书的品种总数作为分母的，分子是出版社在引文数据库中的被引总次数。册均被引频次是一个相对量统计指标，这 5 年间出版图书的出版社均可以参与指标计算，这可以消除出版社的创社时长和规模大小的影响，用来比较不同历史时长与出版规模的出版社。

在本书统计中，部分出版社出版图书的品种总数在《中国出版年鉴》（2007~2011 年）的数据空缺，故无法计算其册均被引频次，在下文的指标数值表中数值为空，标记为符号"—"。

3.3 专业性指标设计

1. 学科被引频次

学科被引频次是指参照学术性指标"总被引频次"的统计方法，依据学科分类体系，分别统计我国出版社在这些学科论文中的总被引频次，即出版社在各个学科的期刊论文的参考文献中出现的总频次，以此来反映出版社的学科影响力。

2. 学科高被引图书数

学科高被引图书数是指参照学术性指标"高被引图书数"的遴选标准与统计方法，依据学科分类体系，分别计算这些学科高被引图书在各家出版社的数量分布。该指标通过各学科的高影响力图书来反映每家出版社在各学科领域的学术影响力，能较好地反映出版社的专业性特点。

高被引图书数的遴选计算方法是，将每家出版社按照图书在该学科论文中的被引次数降序排列，取累计前 3%的图书作为学科高被引图书。

3. 学科册均被引频次

学科册均被引频次是指参照学术性指标"册均被引频次"的统计方法，依据学科分类体系，分别统计出版社在这些学科论文中的册均被引次数，即出版社的册均学科被引次数，以此来反映出版社的册均学科影响力，该指标计算方法如下

$$学科册均被引频次 = \frac{某出版社5年间出版图书在该统计时段被某一学科论文引用的总次数}{某出版社在该时间段出版的图书品种总数}$$

在以上"学科册均被引频次"的计算公式中，图书品种总数的数据来源和计算方法，可参照前文 3.2 节"册均被引频次"计算公式中的图书品种总数。

3.4 辐射性指标设计

通过专业性指标统计与实证研究，我们会发现，有大量综合性学术出版社在多个学科的高被引出版社中表现突出，甚至有些综合性出版社的专业性指标优于其所在学科的专业性出版社，显示出较强的跨学科性。因此，辐射性指标就是用来测评出版社的跨学科性的指标，主要通过出版社的跨学科数、高被引跨学科数与跨学科指数反映出来。通过辐射性指标，既可以发现出版社的跨学科综合影响力，也可以发现哪些学术性出版社更倾向于向综合性学术出版社发展。

1. 跨学科数

跨学科总数是指出版社被多学科论文引用时的跨学科总数，该指标用来反映出版社在总体学术论文中产生影响的学科跨度与辐射程度。出版社在学术论文中被参考引用的跨学科数量越多，说明该出版社的整体学科影响范围与辐射范围越大，出版社的学科综合性也越强。但该指标反映的是出版社产生学术影响所涉及学科的绝对数量，不能反映其学术影响的质量与程度。

2. 高被引跨学科数

在出版社被引的学科分布中,高被引跨学科数是指出版社总被引频次位居前十的学科数量,该指标克服了跨学科总数指标的弊端,用来反映出版社在哪些学科产生了高被引影响力。如果出版社在多个学科论文引用中属于高被引出版社,则说明该出版社的高被引跨学科数较多,其不但学术影响范围广,而且影响程度高。因此,该指标比跨学科总数指标有更好的数值区分度。

3. 跨学科指数

这一指标与跨学科总数指标相比计算更为精确,主要参考每个学科论文数占所有论文总数的比例,通过函数测量参考引用某一出版社的学术论文在各个学科中的分散程度。跨学科指数的上限为"1",下限为"0"。跨学科指数越接近"1",表明该出版社的跨学科性越强。"0"表明引用该出版社的学术论文总量仅仅覆盖一个学科。该指标函数是借鉴科睿唯安基于香农(Shannon)的熵理论研发出来的出版社被引指标,计算公式如下[①]

$$E = -\left(\sum_{i=1}^{N} P_i \lg P_i \div \lg N\right)$$

其中,E 表示跨学科指数,P_i 表示在引用该出版社的论文中,每个学科论文数占所有论文总数的比例,N 表示该出版社涉及的学科数量。

[①] 马楠. 可视化工具在文献计量分析和科研绩效评价中的应用. 数字图书馆论坛,2009,(10):42-48.

第四章

出版社学术影响力实证分析（2007～2011年）

为了揭示我国出版社在三类文献计量指标中的数据表现与学科分布情况，本章选取2007～2011年的人文社会科学论文作为施引文献，基于中国人文社会科学引文数据库（Chinese Humanities and Social Sciences Citation Database, CHSSCD），对出版社的人文社科学术影响力进行实证分析，包括人文社科整体学术影响力、25个分学科影响力以及人文社科跨学科辐射影响力，并对实证结果进行解释与分析。

4.1 数据来源

1. 中国人文社会科学引文数据库

中国人文社会科学引文数据库是中国社会科学院研发的人文社科类引文数据库,截至2013年,共收录733种来源刊的学术论文及其参考文献。本章的统计以2007～2011年5年的来源文献的被引数据为统计源,共涉及引文数据230多万条。这些来源期刊,是按照布拉德福文献离散定律遴选出的主流期刊,基本能代表我国人文社会科学期刊发表学术论文的整体情况。因此,这些学术论文参考引用的出版社引证数据,可以在一定程度上反映我国的出版社在人文社会科学论文中的学术影响力。

2. 《中国出版年鉴》

在计算出版社的"册均被引频次"指标时,采取的是用该引文数据库中的出版社被引次数除以图书总册数的方法。图书总册数的选取有两种方案,一种是以在引文数据库中被引用过1次以上的出版社为统计对象,另一种是以《中国出版年鉴》每年度统计的出版社实际出版的图书量为依据。这里选取第二种方案,通过核查2007～2011年的《中国出版年鉴》中出版图书的总品种数,得到出版社"册均被引频次"的计算分母。但是,有少部分出版社在《中国出版年鉴》中的图书品种数据不全,在下文的图表展示中,图书品种数据不全的出版社的"册均被引频次"指标为空值,用符号"—"标记。

4.2 学科分类

本书采用学科总体统计(学术性指标)和分学科统计(专业性指标)相结合的方法,对出版社的学术影响力情况进行多角度揭示。在分学科统计中,按照出版社施引文献的分类原则进行学科划分。作为数据来源的中国人文社会科学引文数据库,其对施引论文的学科分类主要是基于《中国图书馆分类法》(第五版）分类体系的基础框架的，因此本书对出版社文献引证指标的分学科统计也是以此为参照的。

根据统计需要，参照中国人文社会科学引文数据库的学科划分标准，本章实证研究的施引文献学科分类共被划分为25个一级学科，包括马克思主义、哲学、心理学、宗教学、统计学、社会学、人口学、管理学（含科学学、人才学）、民族学、政治学、法学、军事学、经济学、新闻与传播学、文化学、图书馆·情报与文献学、教育学、体育学、语言学、文学、艺术学、历史学、考古学、人文地理学、环境科学。

4.3 数据处理与统计

（1）对数据源中参考文献的出版社名称进行统一处理，比如，对原始出版社的名称字段进行了数据规范，对录入的错误信息进行了数据清洗。

（2）对于数据源中更名、合并或撤销的出版社，只要符合在统计时段内被来源文献参考引用并且被引用图书是在1949年至统计年出版的条件,大部分是按照原始出版社名称进行统计的;对于转企改制后成立的出版社有限责任公司,尽量统一按"出版社"命名统计，不加"有限责任公司"。

（3）对合作出版图书的联合出版社，将其单独抽出，进行各指标数值统计；上海世纪出版集团因包含多家出版社，也按照联合出版社进行指标统计。

4.4 实 证 结 果

4.4.1 学术性指标结果

1. 高被引出版社的学术性指标

按出版社总被引频次降序排列，根据 h 指数算法选出总被引频次较高的学术性出版社共362家。将这些高被引学术性出版社按总被引频次指标排序，列表展示其总被引频次、高被引图书数与册均被引频次的指标数值，如表4-1所示。

表 4-1 高被引出版社的学术性指标数值（2007~2011 年）

排序	出版社	总被引频次/次	高被引图书数/种	册均被引频次/次
1	中华书局	164 276	750	89.52
2	人民出版社	150 051	305	32.36
3	商务印书馆	129 874	724	42.67
4	北京大学出版社	71 927	532	8.89
5	生活·读书·新知三联书店	66 509	439	—
6	中国人民大学出版社	60 513	352	13.96
7	法律出版社	58 295	399	10.03
8	上海古籍出版社	56 809	366	38.40
9	中国社会科学出版社	54 670	483	8.17
10	上海人民出版社	48 426	341	13.11
11	中国政法大学出版社	39 487	282	35.86
12	社会科学文献出版社	38 147	218	11.03
13	人民文学出版社	30 258	182	14.28
14	科学出版社	25 939	134	—
15	华夏出版社	20 095	141	9.21
16	上海译文出版社	19 475	110	13.56
17	清华大学出版社	18 647	132	1.49
18	经济科学出版社	17 321	81	3.59
19	文物出版社	16 155	100	13.25
20	复旦大学出版社	15 706	94	5.09
21	华东师范大学出版社	14 014	107	3.27
22	中国法制出版社	13 591	91	—
23	中央文献出版社	13 359	38	13.63
24	广西师范大学出版社	13 358	91	—
25	江苏人民出版社	13 209	127	3.89
26	中国统计出版社	12 409	8	9.38
27	武汉大学出版社	11 843	79	3.44
28	人民教育出版社	11 592	70	4.20
29	中央编译出版社	11 545	70	—
30	上海外语教育出版社	10 678	86	5.04
31	中国财政经济出版社	10 643	29	3.08
32	中国大百科全书出版社	10 612	33	5.23

续表

排序	出版社	总被引频次/次	高被引图书数/种	册均被引频次/次
33	上海书店出版社	10 549	53	11.73
34	教育科学出版社	10 360	74	4.54
35	新华出版社	9 190	52	4.93
36	南京大学出版社	9 029	54	4.79
37	岳麓书社	8 869	60	12.28
38	译林出版社	8 686	49	—
39	民族出版社	8 679	31	2.32
40	四川人民出版社	8 528	38	—
41	中国经济出版社	8 489	39	3.44
42	上海教育出版社	8 458	45	3.19
43	浙江人民出版社	8 447	67	—
44	北京师范大学出版社	8 333	35	1.81
45	吉林人民出版社	8 098	50	4.67
46	东方出版社	8 048	59	—
47	山东人民出版社	8 005	47	4.92
48	齐鲁书社	7 936	39	10.31
49	江苏凤凰出版社有限公司	7 862	35	—
50	上海文艺出版社	7 807	38	—
51	机械工业出版社	7 636	43	0.49
52	学林出版社	7 546	37	7.58
53	中国人民公安大学出版社	7 433	43	3.92
54	国家图书馆出版社	7 184	26	—
55	天津人民出版社	7 122	35	4.57
56	人民体育出版社	7 052	52	8.99
57	河北教育出版社	7 048	51	14.74
58	世界知识出版社	6 929	35	6.18
59	中共中央党校出版社	6 584	14	7.26
60	重庆出版社	6 581	25	—
61	上海社会科学院出版社	6 223	38	6.94
62	经济管理出版社	5 911	17	3.42
63	上海辞书出版社	5 900	5	4.41
64	北京出版社	5 651	26	2.95

续表

排序	出版社	总被引频次/次	高被引图书数/种	册均被引频次/次
65	湖南人民出版社	5 640	18	—
66	中国金融出版社	5 577	16	3.00
67	云南人民出版社	5 549	27	—
68	外语教学与研究出版社	5 500	27	1.09
69	人民法院出版社	5 421	20	5.06
70	贵州人民出版社	5 377	29	—
71	中信出版社	5 302	37	—
72	江苏教育出版社	5 154	24	0.61
73	南开大学出版社	5 149	29	4.08
74	辽宁教育出版社	5 144	29	4.12
75	巴蜀书社	5 076	23	—
76	上海财经大学出版社	5 044	28	3.63
77	中国农业出版社	4 881	13	0.90
78	黑龙江人民出版社	4 855	15	3.32
79	中国建筑工业出版社	4 634	10	0.96
80	中国检察出版社	4 527	17	—
81	文化艺术出版社	4 512	17	2.88
82	广东人民出版社	4 511	13	2.58
83	安徽教育出版社	4 489	22	4.48
84	江西人民出版社	4 412	14	3.74
85	人民音乐出版社	4 408	22	4.16
86	浙江教育出版社	4 384	33	—
87	湖北人民出版社	4 341	8	2.36
88	陕西人民出版社	4 234	12	—
89	中央民族大学出版社	4 135	16	5.37
90	北京体育大学出版社	4 126	28	3.96
91	上海远东出版社	4 021	18	2.75
92	湖南教育出版社	4 005	29	1.17
93	福建人民出版社	3 948	16	4.03
94	辽宁人民出版社	3 940	22	3.71
95	河北人民出版社	3 814	25	4.29
96	中国戏剧出版社	3 807	12	5.69

续表

排序	出版社	总被引频次/次	高被引图书数/种	册均被引频次/次
97	中国发展出版社	3 695	19	—
98	河南人民出版社	3 668	11	2.85
99	浙江大学出版社	3 666	8	0.86
100	浙江古籍出版社	3 606	20	—
101	山东教育出版社	3 555	22	3.83
102	中国方正出版社	3 438	14	—
103	中国青年出版总社	3 421	11	1.35
104	中州古籍出版社	3 416	19	3.86
105	湖北教育出版社	3 411	20	1.56
106	中国广播影视出版社	3 376	17	3.39
107	首都经济贸易大学出版社	3 374	22	6.80
108	中国文史出版社	3 370	4	3.20
109	中国对外翻译出版有限公司	3 363	39	—
110	百花文艺出版社	3 317	22	—
111	华中师范大学出版社	3 202	15	1.91
112	海南出版社	3 157	13	—
113	黄山书社	3 120	12	2.04
114	新疆人民出版社	3 072	6	—
115	中国环境出版社	3 070	9	2.47
116	知识产权出版社	3 037	10	1.27
117	东北财经大学出版社	3 032	12	2.02
118	群众出版社	2 932	13	3.18
119	光明日报出版社	2 921	11	1.37
120	中国书店出版社	2 905	23	4.32
121	中国文联出版社	2 904	11	1.71
122	中山大学出版社	2 891	10	—
123	作家出版社	2 861	8	1.58
124	中国传媒大学出版社	2 793	9	—
125	广西人民出版社	2 785	10	—
126	甘肃人民出版社	2 776	6	—
127	电子工业出版社	2 748	10	0.24
128	四川大学出版社	2 731	7	—

续表

排序	出版社	总被引频次/次	高被引图书数/种	册均被引频次/次
129	厦门大学出版社	2 729	7	2.45
130	北京语言大学出版社	2 720	11	1.96
131	中国电影出版社	2 710	16	4.68
132	宁夏人民出版社	2 606	11	—
133	语文出版社	2 528	22	4.84
134	天津古籍出版社	2 491	10	4.65
135	三秦出版社	2 459	5	—
135	山西人民出版社	2 459	9	1.59
137	中国劳动社会保障出版社	2 440	10	0.77
138	中共党史出版社	2 432	5	1.44
139	山东大学出版社	2 407	11	2.23
140	时事出版社	2 365	8	5.39
141	国际文化出版公司	2 352	15	4.11
142	科学技术文献出版社	2 338	13	1.57
143	人民邮电出版社	2 308	14	0.23
144	河南大学出版社	2 298	9	2.42
145	青海人民出版社	2 297	12	—
146	内蒙古人民出版社	2 262	7	—
147	安徽文艺出版社	2 231	19	3.07
148	中国轻工业出版社	2 227	15	0.87
149	学苑出版社	2 213	7	—
150	东南大学出版社	2 157	8	—
151	大象出版社	2 113	7	1.13
152	云南大学出版社	2 096	6	—
153	陕西师范大学出版社	2 080	6	—
154	花城出版社	2 064	2	—
155	当代中国出版社	2 030	6	—
156	吉林文史出版社	2 002	5	1.96
157	华中科技大学出版社	1 994	12	0.53
158	上海音乐出版社	1 952	7	2.40
159	中国社会出版社	1 909	2	—
160	中国藏学出版社	1 898	4	5.17

续表

排序	出版社	总被引频次/次	高被引图书数/种	册均被引频次/次
161	江西教育出版社	1 878	13	1.13
162	上海交通大学出版社	1 854	4	0.60
163	人民卫生出版社	1 804	6	0.26
164	西藏人民出版社	1 789	8	—
165	化学工业出版社	1 778	5	0.14
166	吉林大学出版社	1 769	7	0.43
167	北京人民出版社	1 765	18	—
168	新星出版社	1 755	13	—
169	四川民族出版社	1 754	5	—
170	云南民族出版社	1 753	3	—
171	湖南文艺出版社	1 752	11	1.50
172	中国旅游出版社	1 750	7	1.47
173	西南财经大学出版社	1 714	3	—
174	东方出版中心	1 711	9	2.09
175	安徽人民出版社	1 708	5	1.76
176	经济日报出版社	1 704	9	2.21
177	福建教育出版社	1 701	4	0.72
178	山西教育出版社	1 690	9	1.07
179	中国档案出版社	1 684	0	—
180	上海科学技术出版社	1 609	7	0.70
181	北京燕山出版社	1 563	3	—
181	上海科技教育出版社	1 563	11	1.60
183	天津社会科学院出版社	1 561	10	3.85
184	宗教文化出版社	1 558	3	—
185	海洋出版社	1 553	1	1.31
186	广东高等教育出版社	1 542	6	2.23
187	中国工人出版社	1 538	5	1.38
188	中国民主法制出版社	1 531	5	—
189	春风文艺出版社	1 527	4	1.80
190	漓江出版社	1 523	3	—
191	上海书画出版社	1 481	0	1.77
192	浙江文艺出版社	1 468	7	—

续表

排序	出版社	总被引频次/次	高被引图书数/种	册均被引频次/次
193	人民美术出版社	1 433	5	0.68
194	重庆大学出版社	1 425	9	—
195	暨南大学出版社	1 424	6	—
196	东北师范大学出版社	1 421	4	0.98
197	九州出版社	1 376	4	—
198	四川教育出版社	1 370	6	—
199	中国科学技术出版社	1 369	1	0.58
200	中国计划出版社	1 368	5	1.41
201	首都师范大学出版社	1 361	3	1.11
202	中国水利水电出版社	1 316	2	0.30
203	兰州大学出版社	1 314	2	—
204	南京师范大学出版社	1 294	7	0.82
205	湖南科学技术出版社	1 291	8	0.76
205	辽宁大学出版社	1 291	7	1.10
207	江苏文艺出版社	1 260	3	0.53
208	山西经济出版社	1 254	5	2.24
208	武汉出版社	1 254	4	0.62
210	河北大学出版社	1 243	3	1.92
211	黑龙江教育出版社	1 241	4	1.12
211	中国城市出版社	1 241	9	—
213	中国书籍出版社	1 239	2	1.54
214	同济大学出版社	1 229	5	0.96
215	广东教育出版社	1 226	6	—
216	安徽大学出版社	1 223	3	1.93
217	军事科学出版社	1 207	3	3.44
218	陕西人民教育出版社	1 204	7	—
219	上海科学技术文献出版社	1 203	5	0.78
220	汉语大词典出版社	1 202	2	—
221	长江文艺出版社	1 197	1	0.88
222	时代文艺出版社	1 167	3	0.88
223	贵州民族出版社	1 156	2	—
224	山东文艺出版社	1 155	2	1.68

续表

排序	出版社	总被引频次/次	高被引图书数/种	册均被引频次/次
225	气象出版社	1 148	2	1.01
226	中国林业出版社	1 146	0	0.64
227	广西民族出版社	1 131	3	—
228	中国市场出版社	1 108	3	—
229	山东画报出版社	1 092	1	2.09
230	百花洲文艺出版社	1 078	5	2.05
231	吉林教育出版社	1 077	3	1.04
232	文津出版社	1 059	1	40.73
233	青岛出版社	1 055	7	0.32
234	湖南师范大学出版社	1 054	0	1.22
235	企业管理出版社	1 053	2	0.78
236	故宫出版社	1 047	2	1.82
237	中国质检出版社	1 037	1	0.53
238	对外经济贸易大学出版社	1 034	4	0.76
239	天津大学出版社	1 031	5	0.62
240	广东经济出版社	1 027	3	0.62
241	团结出版社	1 024	2	—
242	北京十月文艺出版社	1 023	2	3.58
243	湖南出版社	1 014	3	—
244	上海人民美术出版社	1 011	3	0.41
245	世界图书出版公司	1 002	3	—
246	西北大学出版社	996	2	—
247	湖南大学出版社	995	2	1.09
248	北岳文艺出版社	985	3	1.61
248	三晋出版社	985	5	—
250	文汇出版社	968	2	1.02
251	人民日报出版社	967	1	0.73
252	杭州大学出版社	958	3	—
253	云南教育出版社	956	7	—
254	红旗出版社	952	1	1.31
255	群言出版社	948	4	—
256	广西教育出版社	935	2	—

续表

排序	出版社	总被引频次/次	高被引图书数/种	册均被引频次/次
257	中国国际广播出版社	929	4	2.05
258	立信会计出版社	928	1	0.67
259	国防工业出版社	913	1	0.27
260	长春出版社	912	6	0.49
261	湖南美术出版社	908	3	0.44
262	中国友谊出版公司	904	2	1.56
263	中国税务出版社	903	2	—
264	西南师范大学出版社	884	1	—
265	上海音乐学院出版社	883	1	2.31
266	中国言实出版社	881	2	—
267	新世界出版社	879	3	0.29
268	当代世界出版社	868	1	—
269	国家行政学院出版社	864	4	—
269	中国人口出版社	864	1	—
271	中国商业出版社	853	5	0.58
272	华文出版社	851	1	—
273	方志出版社	836	0	—
274	中国时代经济出版社	832	0	—
275	内蒙古大学出版社	798	2	1.90
276	北京理工大学出版社	797	2	—
277	中国财富出版社	776	1	0.63
278	线装书局	775	2	—
279	珠海出版社	774	8	—
280	甘肃民族出版社	768	2	—
281	学习出版社	767	2	—
282	苏州大学出版社	766	3	0.76
283	甘肃教育出版社	762	6	—
284	上海文化出版社	760	1	1.58
285	海天出版社	755	1	—
286	中国科学技术大学出版社	747	1	0.91
287	四川文艺出版社	738	1	—
288	中国华侨出版社	738	0	—

续表

排序	出版社	总被引频次/次	高被引图书数/种	册均被引频次/次
289	江苏美术出版社	732	1	0.43
290	华东理工大学出版社	710	5	0.61
291	天津教育出版社	705	4	1.38
292	西安交通大学出版社	691	2	—
293	地质出版社	685	0	0.34
294	中国美术学院出版社	683	3	1.34
295	旅游教育出版社	680	0	0.89
296	上海大学出版社	676	0	0.94
297	辽宁民族出版社	671	0	0.72
298	甘肃文化出版社	651	1	—
299	辽海出版社	646	2	1.03
300	花山文艺出版社	645	5	0.48
301	远方出版社	640	2	1.41
302	人民交通出版社	635	0	0.22
303	华艺出版社	628	4	2.49
304	中国农业科学技术出版社	609	2	0.45
305	四川辞书出版社	601	2	—
306	南京出版社	594	1	1.04
306	外文出版社	594	1	0.20
308	中国海洋大学出版社	579	2	0.68
309	鹭江出版社	577	1	0.46
310	中国纺织出版社	571	1	0.15
311	新疆大学出版社	557	0	—
312	上海古籍出版社	556	1	—
313	海峡文艺出版社	555	2	1.14
314	中央音乐学院出版社	549	2	—
315	中国大地出版社	542	1	—
316	吉林出版集团有限责任公司	529	3	—
317	国防大学出版社	525	0	1.55
318	南方日报出版社	524	1	—
319	郑州大学出版社	522	0	0.46
320	中国妇女出版社	520	0	0.59

续表

排序	出版社	总被引频次/次	高被引图书数/种	册均被引频次/次
321	江西高校出版社	516	1	0.36
322	改革出版社	514	5	—
323	汕头大学出版社	505	0	—
323	党建读物出版社	505	0	—
325	南海出版公司	499	1	—
326	中央广播电视大学出版社	496	0	0.44
327	大连理工大学出版社	493	0	0.17
328	京华出版社	483	1	—
329	哈尔滨出版社	478	2	0.26
329	广陵书社	478	3	0.84
331	中国商务出版社	477	0	0.54
331	广州出版社	477	0	—
333	中国人事出版社	466	0	—
334	中国和平出版社	463	3	0.97
335	中国铁道出版社	462	2	0.08
336	山东友谊出版社	461	2	0.73
337	中国地图出版社	452	0	0.31
338	民主与建设出版社	446	3	—
339	四川科学技术出版社	439	0	—
340	石油工业出版社	437	0	0.12
341	四川省社会科学院出版社	427	1	—
342	中南大学出版社	422	0	0.45
343	东北大学出版社	416	1	0.55
344	湖北科学技术出版社	411	0	0.37
345	沈阳出版社	408	0	0.36
346	大众文艺出版社	402	1	—
347	现代出版社	399	2	0.31
347	敦煌文艺出版社	399	1	—
349	陕西人民美术出版社	397	0	—
350	军事谊文出版社	396	2	1.70
351	华南理工大学出版社	394	1	—
352	中国展望出版社	392	0	—

续表

排序	出版社	总被引频次/次	高被引图书数/种	册均被引频次/次
353	北方文艺出版社	390	1	0.80
354	中国电力出版社	387	0	—
355	中国工商出版社	375	1	—
356	辽宁科学技术出版社	373	2	0.17
357	西苑出版社	370	1	—
358	华龄出版社	368	0	—
359	延边大学出版社	367	0	0.24
360	天津科学技术出版社	365	1	0.14
361	黄河水利出版社	363	2	0.37
362	河海出版社	362	1	0.57

注：表中部分出版社因出版册数数据缺失，"册均被引频次"指标以"—"表示。

从表4-1中可以看出，总被引频次在10万次以上的三家出版社为中华书局、人民出版社和商务印书馆；总被引频次在5万次以上、10万次以下的依次为北京大学出版社、生活·读书·新知三联书店、中国人民大学出版社、法律出版社、上海古籍出版社、中国社会科学出版社；此外，上海人民出版社、中国政法大学出版社、社会科学文献出版社、人民文学出版社、科学出版社也都表现突出。其中，中华书局、商务印书馆、上海古籍出版社、人民出版社、中国社会科学出版社等，不仅通过高被引频次形成了明显的整体学术影响力，而且平均每册图书的被引次数也高居榜首，这说明这些出版社出版的所有图书在2007~2011年对人文社会科学论文产生了重要的学术影响，发挥了学术出版社的应有功能与作用。值得一提的是，法律出版社、中国政法大学出版社、人民文学出版社与经济科学出版社，作为专业性较强的出版社，能在总被引频次方面与几大品牌综合性出版社相媲美，实在难能可贵，也足见其经营实力与学术影响力之大。一般情况下，出版社能否不断推出精品图书、能否经常出版高学术影响力的图书著作，是决定出版社能否实现可持续发展的关键因素。表4-1中的中华书局与商务印书馆在这方面表现非常突出，有700种以上的图书成为2007~2011年的高被引图书；出版高被引图书数超过200种的出版社共有12家，按照被引图书数排序依次为：中华书局、商务印书馆、北京大学出版社、中国社会科学出版社、生活·读书·新知三联书店、法律出版社、上海古籍出版社、中国人民大学出版社、上海人民出版社、人民出版社、中国政法大学出版社、社会科学文献出版社。

2. 高被引联合出版社的学术性指标

在数据处理与统计中发现，通过合作出版图书的联合出版社产生了较大的学术影响力。按总被引频次排序，选出总被引频次较高的前13家联合出版社，统计这些联合出版社的跨学科总数和高被引图书数，得到高被引联合出版社的引证指标数值，如表4-2所示。

表4-2 高被引联合出版社的学术性指标数值（2007~2011年）

排序	出版社	总被引频次/次	跨学科总数/个	高被引图书数/种
1	上海三联书店/上海人民出版社	9387	23	64
2	北京大学出版社/高等教育出版社	2188	27	15
3	上海世纪出版集团	1563	23	8
4	格致出版社/上海三联书店/上海人民出版社	1474	20	3
5	人民出版社/中央文献出版社	778	12	0
6	上海古籍出版社/安徽教育出版社	559	17	2
7	文物出版社/上海书店出版社/天津古籍出版社	519	14	1
8	格致出版社/上海人民出版社	485	14	2
9	上海人民出版社/上海书店出版社	426	17	2
10	中央文献出版社/党建读物出版社	331	18	1
11	上海古籍出版社/上海书店出版社	317	17	1
12	中央文献出版社/世界知识出版社	277	8	1
13	军事科学出版社/中央文献出版社	277	11	2

如果选择两家以上出版社以合作的形式联合出版图书，则可以通过优势互补扩大影响，这是一种值得探索的图书出版模式。表4-2展示了合作出版图书的联合出版社在发挥学术影响力方面的合作特点与优势。从地域上看，上海和北京是联合出版较为集中的区域，如上海三联书店、上海人民出版社、格致出版社等经常在上海范围内开展合作出版；北京范围内的北京大学出版社、高等教育出版社、人民出版社、中央文献出版社等也经常合作出版图书。其中，上海三联书店与上海人民出版社联合出版了大量的较有影响力的图书著作，值得其他出版社参考借鉴。

4.4.2 专业性指标结果

上述学术性指标可以大致反映各家出版社在人文社会科学学科群体中的整体影响力情况,但还需按照学科类别识别出这些学术出版社的专业学科归属。在具体操作中,主要从各学科论文的施引角度研究出版社的学科分布,区分出各专业领域的学术出版社。专业性指标的具体统计方法跟学术性指标较为类似,不同之处在于前者的统计对象与步骤是分学科进行的,即对数据源的施引文献按照各个学科领域进行统计分析。

按照上文的学科分类体系,下面分别对25个一级学科的高被引出版社进行指标数值统计分析。

1. 马克思主义学科

按照 h 指数算法,马克思主义学科领域的学科高被引出版社共有46家被选出。将这些高被引出版社按学科被引频次指标排序,列表展示其各指标数值,如表4-3所示。

表4-3 马克思主义学科高被引出版社的指标数值(2007~2011年)

排序	出版社	学科被引频次/次	高被引图书数/种	册均被引频次/次
1	人民出版社	15 667	50	3.38
2	中央文献出版社	1 787	13	1.82
3	商务印书馆	1 539	21	0.51
4	生活·读书·新知三联书店	836	13	—
5	中国人民大学出版社	595	9	0.08
6	中国社会科学出版社	461	7	0.12
7	中共中央党校出版社	401	1	0.44
8	上海人民出版社	370	4	0.10
9	中央编译出版社	306	4	—
10	北京大学出版社	292	2	0.04
11	江苏人民出版社	258	3	0.08
12	社会科学文献出版社	228	13	0.07
13	重庆出版社	223	4	—
14	南京大学出版社	208	5	0.11
15	湖南出版社	187	2	—
16	上海译文出版社	181	4	0.13

续表

排序	出版社	学科被引频次/次	高被引图书数/种	册均被引频次/次
17	湖南人民出版社	142	1	—
18	中共党史出版社	136	1	0.08
18	新华出版社	136	3	0.07
20	中华书局	130	1	0.07
21	译林出版社	127	2	—
22	东方出版社	126	1	—
23	吉林人民出版社	117	0	0.07
24	华夏出版社	101	0	0.05
25	北京师范大学出版社	100	2	0.02
26	世界知识出版社	96	0	0.09
27	人民文学出版社	89	1	0.04
28	北京出版社	83	1	0.04
29	江西人民出版社	78	0	0.07
30	复旦大学出版社	76	0	0.02
31	中国青年出版总社	75	1	0.03
32	四川人民出版社	73	0	—
32	河南人民出版社	73	0	0.06
34	山东人民出版社	71	0	0.04
35	学林出版社	68	1	0.07
35	当代中国出版社	68	0	—
37	广西师范大学出版社	67	0	—
38	河北人民出版社	65	1	0.07
39	黑龙江人民出版社	59	0	0.04
39	云南人民出版社	59	1	—
41	法律出版社	53	0	0.01
41	华东师范大学出版社	53	0	0.01
41	人民教育出版社	53	0	0.02
44	武汉大学出版社	52	0	0.02
45	陕西人民出版社	51	0	—
46	红旗出版社	48	0	0.07

注：表中部分出版社因出版册数数据缺失，"册均被引频次"指标以"—"表示。

从表 4-3 可以看出，在马克思主义学科领域，影响力最大的出版社是人民出版社，它不仅在该领域的学科被引频次遥遥领先，而且出版的高被引图书数也稳居榜首；中央文献出版社与商务印书馆在马克思主义学科被引与出版高被引图书方面仅次于人民出版社。

2. 哲学学科

按照 h 指数算法，哲学领域的学科高被引出版社共有109家被选出。将这些高被引出版社按学科被引频次指标排序，列表展示其各指标数值，如表4-4所示。

表4-4 哲学学科高被引出版社的指标数值（2007～2011年）

排序	出版社	学科被引频次/次	高被引图书数/种	册均被引频次/次
1	人民出版社	16 935	60	3.65
2	商务印书馆	16 633	156	5.46
3	中华书局	14 358	117	7.82
4	生活·读书·新知三联书店	7 619	80	—
5	上海古籍出版社	4 671	34	3.18
6	中国社会科学出版社	4 623	32	1.18
7	上海人民出版社	4 300	37	1.16
8	北京大学出版社	3 718	31	0.46
9	中国人民大学出版社	3 426	30	0.46
10	上海译文出版社	2 821	26	1.96
11	江苏人民出版社	1 441	10	0.42
12	广西师范大学出版社	1 410	12	—
13	华东师范大学出版社	1 366	11	0.32
14	社会科学文献出版社	1 364	7	0.39
15	华夏出版社	1 306	7	0.60
16	译林出版社	1 244	14	—
17	岳麓书社	1 211	7	1.68
18	中央编译出版社	1 205	8	—
19	吉林人民出版社	1 038	6	0.60
20	重庆出版社	1 025	13	—
21	人民文学出版社	1 016	7	0.48
22	南京大学出版社	1 015	7	0.54
23	上海书店出版社	963	3	1.07
24	东方出版社	917	7	—

续表

排序	出版社	学科被引频次/次	高被引图书数/种	册均被引频次/次
25	齐鲁书社	808	5	1.05
26	复旦大学出版社	769	4	0.25
27	学林出版社	658	9	0.66
28	山东人民出版社	599	4	0.37
29	辽宁教育出版社	589	3	0.47
30	四川人民出版社	545	2	—
31	河北教育出版社	522	1	1.09
32	贵州人民出版社	507	2	—
33	安徽教育出版社	501	2	0.50
34	北京师范大学出版社	488	4	0.11
35	巴蜀书社	465	3	—
36	河北人民出版社	461	5	0.52
37	河南人民出版社	448	1	0.35
38	湖北人民出版社	429	2	0.23
39	浙江人民出版社	417	0	—
40	科学出版社	404	1	—
41	武汉大学出版社	398	0	0.12
41	安徽文艺出版社	398	7	0.55
43	上海文艺出版社	391	4	—
44	江苏凤凰出版社有限公司	384	2	—
45	辽宁人民出版社	366	1	0.34
46	上海社会科学院出版社	363	2	0.40
47	云南人民出版社	362	0	—
48	湖南人民出版社	357	2	—
49	黑龙江人民出版社	351	2	0.24
50	中国大百科全书出版社	347	0	0.17
51	江苏教育出版社	343	3	0.04
52	北京出版社	339	1	0.18
53	浙江古籍出版社	327	3	—
54	文物出版社	319	3	0.26
55	上海辞书出版社	294	0	0.22
56	广东人民出版社	289	2	0.17

续表

排序	出版社	学科被引频次/次	高被引图书数/种	册均被引频次/次
57	中国书店出版社	285	1	0.42
58	清华大学出版社	282	0	0.02
59	文化艺术出版社	281	4	0.18
60	江西人民出版社	274	3	0.23
61	中国广播影视出版社	270	1	0.27
62	中国政法大学出版社	269	1	0.24
63	上海远东出版社	266	2	0.13
63	湖南教育出版社	266	1	0.08
65	国际文化出版公司	259	2	0.45
66	湖北教育出版社	246	1	0.11
67	中州古籍出版社	233	0	0.26
68	天津人民出版社	227	1	0.15
69	中央文献出版社	225	2	0.23
70	人民教育出版社	214	1	0.08
70	陕西人民出版社	214	0	—
72	光明日报出版社	211	1	0.10
73	新华出版社	207	2	0.11
74	中国青年出版总社	202	0	0.08
75	黄山书社	197	1	0.13
75	法律出版社	197	0	0.03
77	天津社会科学院出版社	192	2	0.47
78	九州出版社	189	0	—
79	中共中央党校出版社	187	0	0.21
80	上海教育出版社	186	1	0.07
81	中国文联出版社	183	2	0.11
82	山东大学出版社	180	0	0.17
83	湖南科学技术出版社	174	1	0.10
84	河北大学出版社	171	1	0.26
85	华中师范大学出版社	167	1	0.10
86	四川大学出版社	166	0	—
87	安徽人民出版社	160	1	0.16
88	文津出版社	153	0	5.88

续表

排序	出版社	学科被引频次/次	高被引图书数/种	册均被引频次/次
89	福建人民出版社	149	1	0.15
90	四川教育出版社	145	1	—
91	教育科学出版社	143	0	0.06
91	新星出版社	143	0	—
93	国家图书馆出版社	141	0	—
93	海南出版社	141	1	—
93	陕西师范大学出版社	141	2	—
96	首都师范大学出版社	139	0	0.11
97	中国城市出版社	138	0	—
98	南开大学出版社	137	0	0.11
99	漓江出版社	126	1	—
100	天津古籍出版社	125	1	0.23
101	当代中国出版社	124	1	—
102	浙江教育出版社	123	1	—
103	山东教育出版社	118	0	0.13
104	浙江大学出版社	117	0	0.03
105	山西教育出版社	116	0	0.07
106	同济大学出版社	115	1	0.09
107	中国文史出版社	112	1	0.11
108	河南大学出版社	111	0	0.12
109	中国工人出版社	110	1	0.10

注：表中部分出版社因出版册数数据缺失，"册均被引频次"指标以"—"表示。

从表 4-4 可以看出，人民出版社不但在马克思主义学科名列第一，而且在哲学学科的学科被引频次指标中也是位居榜首，这说明马克思主义哲学是哲学研究的重要领域。同时，商务印书馆、中华书局与生活·读书·新知三联书店出版的高被引图书数指标高于人民出版社，而上海古籍出版社、中国社会科学出版社、上海人民出版社与北京大学出版社的学科被引频次指标也表现突出。这些学科被引出版社在哲学研究领域发挥着不可替代的专业影响力。

3. 心理学学科

按照 h 指数算法，心理学领域的学科高被引出版社共有 40 家被选出。将这些高被引出版社按学科被引频次指标排序，列表展示其各指标数值，如表 4-5 所示。

表 4-5　心理学学科高被引出版社的指标数值（2007～2011 年）

排序	出版社	学科被引频次/次	高被引图书数/种	册均被引频次/次
1	商务印书馆	522	9	0.17
2	华东师范大学出版社	456	15	0.11
3	人民教育出版社	367	10	0.13
4	北京大学出版社	332	10	0.04
5	北京师范大学出版社	320	7	0.07
6	人民出版社	257	4	0.06
7	中国轻工业出版社	239	5	0.09
8	生活·读书·新知三联书店	234	3	—
9	教育科学出版社	222	3	0.10
10	上海教育出版社	216	5	0.08
11	中国人民大学出版社	210	4	0.03
12	浙江教育出版社	202	8	—
13	上海译文出版社	183	6	0.13
14	社会科学文献出版社	166	1	0.05
15	上海人民出版社	158	3	0.04
16	中国社会科学出版社	135	2	0.03
17	科学出版社	111	1	—
18	山东教育出版社	100	2	0.11
19	中华书局	99	0	0.05
20	华夏出版社	98	1	0.04
21	人民邮电出版社	90	3	0.01
22	暨南大学出版社	74	2	—
23	清华大学出版社	66	2	0.01
23	新华出版社	66	0	0.04
25	山东人民出版社	63	1	0.04
26	安徽教育出版社	62	2	0.06
27	人民卫生出版社	61	1	0.01
28	辽宁人民出版社	55	1	0.05
29	吉林人民出版社	51	0	0.03
30	华中师范大学出版社	49	0	0.03
31	江苏教育出版社	47	1	0.01
32	广东高等教育出版社	46	0	0.07
32	湖南科学技术出版社	46	1	0.03

续表

排序	出版社	学科被引频次/次	高被引图书数/种	册均被引频次/次
32	复旦大学出版社	46	0	0.01
35	浙江人民出版社	44	1	—
36	东方出版社	43	0	—
36	北京语言大学出版社	43	0	0.03
38	广西师范大学出版社	42	0	—
38	浙江大学出版社	42	0	0.01
40	贵州人民出版社	40	0	—

注：表中部分出版社因出版册数数据缺失，"册均被引频次"指标以"—"表示。

心理学属于跨学科研究领域，在国外的学科分类中属于自然科学，在本书统计中作为社会科学学科群里的一个小学科，因此该学科学术论文对图书文献类型的参考引用规模相对较小，出版社对论文产出的影响力显得整体不足。从表 4-5 可以看出，心理学论文引用出版社次数最高的是综合性出版社商务印书馆，但也仅为 522 次。在高校出版社范围内，华东师范大学出版社在心理学学科的学科被引频次中位居第二，但其出版的高被引图书数最多，北京大学出版社次之。人民教育出版社在心理学领域的学科被引频次仅次于华东师范大学出版社，位居第三，属于在心理学研究领域表现杰出的专业出版社。

4. 宗教学学科

按照 h 指数算法，宗教学领域的学科高被引出版社共有 67 家被选出。将这些高被引出版社按学科被引频次指标排序，列表展示其各指标数值，如表 4-6 所示。

表 4-6　宗教学学科高被引出版社的指标数值（2007～2011 年）

排序	出版社	学科被引频次/次	高被引图书数/种	册均被引频次/次
1	中华书局	4894	94	2.67
2	上海古籍出版社	1575	24	1.07
3	商务印书馆	1544	26	0.51
4	中国社会科学出版社	1488	32	0.38
5	上海人民出版社	1032	19	0.28
6	生活·读书·新知三联书店	1030	12	—
7	人民出版社	893	11	0.19
8	宗教文化出版社	683	5	—

续表

排序	出版社	学科被引频次/次	高被引图书数/种	册均被引频次/次
9	北京大学出版社	620	9	0.08
10	社会科学文献出版社	507	5	0.15
11	民族出版社	498	8	0.13
12	中国人民大学出版社	477	11	0.06
13	文物出版社	473	5	0.39
14	宁夏人民出版社	460	6	—
15	四川人民出版社	454	8	—
16	巴蜀书社	418	5	—
17	华夏出版社	335	5	0.15
18	西藏人民出版社	275	6	—
19	广西师范大学出版社	265	4	—
20	上海书店出版社	261	4	0.29
21	江苏人民出版社	256	5	0.08
22	青海人民出版社	254	3	—
23	齐鲁书社	251	5	0.33
24	中国藏学出版社	243	0	0.66
25	东方出版社	221	1	—
26	云南人民出版社	197	1	—
27	人民文学出版社	192	1	0.09
28	上海文艺出版社	189	3	—
29	江苏凤凰出版社有限公司	177	2	—
30	上海译文出版社	165	3	0.11
31	浙江人民出版社	161	2	—
32	上海辞书出版社	160	0	0.12
33	复旦大学出版社	153	2	0.05
34	科学出版社	146	2	—
35	四川民族出版社	142	2	—
36	岳麓书社	136	1	0.19
37	新疆人民出版社	131	1	—
38	福建人民出版社	128	0	0.13
39	中央民族大学出版社	122	0	0.16
39	甘肃民族出版社	122	1	—

续表

排序	出版社	学科被引频次/次	高被引图书数/种	册均被引频次/次
41	中国大百科全书出版社	121	2	0.06
42	上海社会科学院出版社	119	1	0.13
42	贵州人民出版社	119	0	—
44	华东师范大学出版社	116	0	0.03
44	河北教育出版社	116	1	0.24
46	云南民族出版社	114	1	—
47	甘肃人民出版社	113	0	—
48	学林出版社	106	1	0.11
49	中州古籍出版社	94	0	0.11
50	南京大学出版社	91	1	0.05
50	天津古籍出版社	91	1	0.17
52	辽宁教育出版社	87	0	0.07
53	中国广播影视出版社	83	0	0.08
53	山东大学出版社	83	1	0.08
55	广东人民出版社	82	0	0.05
55	天津人民出版社	82	0	0.05
57	黄山书社	81	0	0.05
58	三秦出版社	77	0	—
59	河北人民出版社	76	1	0.09
60	浙江古籍出版社	74	0	—
61	新华出版社	71	1	0.04
61	陕西人民出版社	71	0	—
63	中国书店出版社	69	0	0.10
64	中央编译出版社	68	0	—
64	学苑出版社	68	0	—
66	大象出版社	67	1	0.04
66	黑龙江人民出版社	67	0	0.05

注：表中部分出版社因出版册数数据缺失，"册均被引频次"指标以"—"表示。

如表 4-6 所示，中华书局作为知名的综合性出版社，其在宗教学领域的学术影响力以各指标明显占优位居第一，其次为上海古籍出版社、商务印书馆、中国社会科学出版社等。宗教文化出版社是唯一进入前十名的宗教学专业出版社，在该领域的论文中发挥了应有的学术影响力。

5. 统计学学科

按照 h 指数算法，统计学领域的学科高被引出版社共有 10 家被选出。这些高被引出版社按学科被引频次指标排序，列表展示其各指标数值，如表 4-7 所示。

表 4-7　统计学学科高被引出版社的指标数值（2007～2011 年）

排序	出版社	学科被引频次/次	高被引图书数/种	册均被引频次/次
1	中国统计出版社	154	5	0.12
2	中国人民大学出版社	45	2	0.01
3	科学出版社	42	1	—
4	清华大学出版社	28	1	0.00
5	北京大学出版社	21	0	0.00
6	机械工业出版社	17	0	0.00
7	中国财政经济出版社	16	0	0.00
8	经济科学出版社	12	0	0.00
9	商务印书馆	11	0	0.00
10	社会科学文献出版社	10	0	0.01

注：表中部分出版社因出版册数数据缺失，"册均被引频次"指标以"—"表示。

从表 4-7 可以看出，统计学的一个显著特点是出版社的专业性知识贡献突出，例如中国统计出版社在统计学学科领域的各指标数值都位居第一，发挥了极为重要的专业出版社的作用。同时，该学科出版社的学科被引频次指标排序与高被引图书数指标排序完全一致，这反映出其在整体学术影响力与精品图书影响力方面协调较好。在统计学高被引出版社中，位居前三位的还有中国人民大学出版社、科学出版社，其余的高被引出版社基本涵盖了大学类出版社、专业性出版社和综合性出版社三种类型。

6. 社会学学科

按照 h 指数算法，社会学领域的学科高被引出版社共有 77 家被选出。将这些高被引出版社按学科被引频次指标排序，列表展示其各指标数值，如表 4-8 所示。

表 4-8　社会学学科高被引出版社的指标数值（2007～2011 年）

排序	出版社	学科被引频次/次	高被引图书数/种	册均被引频次/次
1	社会科学文献出版社	2967	44	0.86
2	商务印书馆	2786	47	0.92
3	人民出版社	2707	17	0.58

续表

排序	出版社	学科被引频次/次	高被引图书数/种	册均被引频次/次
4	生活·读书·新知三联书店	2560	44	—
5	上海人民出版社	1965	36	0.53
6	中国人民大学出版社	1813	28	0.24
7	北京大学出版社	1561	15	0.19
8	中国社会科学出版社	1504	19	0.38
9	华夏出版社	1232	28	0.56
10	江苏人民出版社	682	7	0.20
11	中央编译出版社	666	8	—
12	中华书局	634	7	0.35
13	译林出版社	607	12	—
14	广西师范大学出版社	584	11	—
15	上海译文出版社	523	8	0.36
16	浙江人民出版社	488	9	—
17	天津人民出版社	413	3	0.26
18	南京大学出版社	364	5	0.19
19	山东人民出版社	318	5	0.20
20	民族出版社	292	0	0.08
21	中国统计出版社	285	0	0.22
22	法律出版社	284	2	0.05
23	江西人民出版社	244	3	0.21
24	学林出版社	236	6	0.24
25	云南人民出版社	233	3	—
26	中国社会出版社	222	0	—
26	中国政法大学出版社	222	1	0.20
28	复旦大学出版社	212	3	0.07
29	中国大百科全书出版社	207	1	0.08
30	四川人民出版社	202	1	—
31	吉林人民出版社	198	1	0.11
32	上海社会科学院出版社	196	2	0.22
33	清华大学出版社	195	1	0.02
34	东方出版社	193	2	—
35	科学出版社	185	1	—

续表

排序	出版社	学科被引频次/次	高被引图书数/种	册均被引频次/次
36	新华出版社	180	4	0.10
37	华东师范大学出版社	173	0	0.04
38	中央民族大学出版社	172	4	0.22
39	上海古籍出版社	170	0	0.12
40	重庆出版社	165	2	—
41	贵州人民出版社	164	2	—
42	上海书店出版社	158	1	0.18
43	中国经济出版社	156	0	0.06
44	上海文艺出版社	143	2	—
45	黑龙江人民出版社	129	1	0.09
46	北京师范大学出版社	128	0	0.03
46	中国建筑工业出版社	128	1	0.03
48	经济科学出版社	127	0	0.03
48	上海教育出版社	127	0	0.05
48	教育科学出版社	127	1	0.06
51	中国劳动社会保障出版社	124	0	0.04
52	群言出版社	118	1	—
53	华东理工大学出版社	117	2	0.10
54	云南大学出版社	113	0	—
55	人民教育出版社	106	0	0.04
56	南开大学出版社	105	2	0.08
57	北京出版社	104	1	0.05
58	武汉大学出版社	103	0	0.03
59	中国妇女出版社	100	1	0.11
59	辽宁教育出版社	100	1	0.08
61	人民文学出版社	99	1	0.05
62	海南出版社	98	2	—
63	辽宁人民出版社	97	2	0.09
63	华中师范大学出版社	97	2	0.06
65	中国人民公安大学出版社	94	0	0.05
66	湖北人民出版社	90	0	0.05
66	河南人民出版社	90	0	0.07

续表

排序	出版社	学科被引频次/次	高被引图书数/种	册均被引频次/次
68	中山大学出版社	88	1	—
69	中国财政经济出版社	84	0	0.02
70	东南大学出版社	82	0	—
70	首都经济贸易大学出版社	82	0	0.17
70	光明日报出版社	82	0	0.04
73	中国青年出版总社	78	0	0.03
73	广东人民出版社	78	0	0.04
75	中央文献出版社	77	0	0.08
75	湖南人民出版社	77	0	—
75	文化艺术出版社	77	1	0.05

注：表中部分出版社因出版册数数据缺失，"册均被引频次"指标以"—"表示。

表4-8显示，在社会学研究中，产生较大影响力的出版社主要是大型的社会科学综合性出版社，可见社会学对其他学科知识具有较广泛的吸纳性与包容性。社会学领域出版社的学科被引频次最多的是社会科学文献出版社，这或许与该社社长的学科背景及其多年推出的"皮书系列"有关。据中国图书在版编目（CIP）数据库统计数据显示，2015年全国共有345家出版单位出版研究报告类图书2463种，其中以"皮书系列"品牌在业界获得口碑的社会科学文献出版社，出版品种多达385种，远多于其他出版单位[①]。商务印书馆、人民出版社与生活·读书·新知三联书店作为经典的综合性出版社已广为人知，而在本书的社会学学科被引频次指标排序中仍然名列前茅，这说明它们同时发挥了社会学专业性学术出版社和符合性学术出版社的功能与影响力。中国人民大学出版社与北京大学出版社这两家知名的大学类综合性出版社，依托其所在大学母体的丰厚学术资源，在社会学领域的影响力也表现突出，展示出了大学出版社的综合实力。值得注意的是，表4-8中出版社的学科被引频次、册均被引频次与高被引图书数各指标排序基本一致，仅个别出版社略有差异，如人民出版社、北京大学出版社、华夏出版社。

7. 人口学学科

按照h指数算法，人口学领域的学科高被引出版社共有26家被选出。将这些

---

① 杨育芬. 2015年研究报告类图书出版现状. 中华读书报，2016年3月30日，第06版.

高被引出版社按学科被引频次指标排序，列表展示其各指标数值，如表 4-9 所示。

表 4-9 人口学学科高被引出版社的指标数值（2007~2011 年）

排序	出版社	学科被引频次/次	高被引图书数/种	册均被引频次/次
1	中国人口出版社	548	0	—
2	中国统计出版社	500	0	0.38
3	社会科学文献出版社	315	0	0.09
4	人民出版社	236	0	0.05
5	商务印书馆	222	0	0.07
6	北京大学出版社	219	0	0.03
7	中国人民大学出版社	193	2	0.03
8	中国社会科学出版社	129	1	0.03
9	科学出版社	118	0	—
10	中华书局	93	0	0.05
11	生活·读书·新知三联书店	71	0	—
12	中国财政经济出版社	65	0	0.02
13	华东师范大学出版社	63	0	0.01
14	经济科学出版社	56	0	0.01
15	复旦大学出版社	53	0	0.02
16	中央文献出版社	51	0	0.05
16	上海人民出版社	51	0	0.01
18	中国经济出版社	49	0	0.02
19	清华大学出版社	44	0	0.00
19	浙江人民出版社	44	0	—
19	西南财经大学出版社	44	1	—
22	华夏出版社	38	0	0.02
23	首都经济贸易大学出版社	37	0	0.07
24	民族出版社	28	0	0.01
24	山东人民出版社	28	0	0.02
26	上海社会科学院出版社	26	0	0.03

注：表中部分出版社因出版册数数据缺失，"册均被引频次"指标以"—"表示。

表 4-9 表明，人口学领域的学科被引频次指标数值排名前三位的分别是中国人口出版社、中国统计出版社及社会科学文献出版社。中国人口出版社作为人口学专业出版社位居第一，具有明显的专业影响力；中国统计出版社排名第

二位，从侧面反映出人口学与统计学在知识生产过程中具有很强的相关性；排名第三位的社会科学文献出版社不仅在上述社会学学科被引频次指标排名中独占鳌头，而且在表4-9中的人口学论文中发挥着较强的学术影响力，这说明人口学与社会学的文献知识交流存在着交叉性。值得注意的是，表4-9中人口学学科高被引出版社的高被引图书数指标数值普遍为0，可知这些出版社在出版精品图书方面还有较大发展空间。

8. 管理学（含科学学、人才学）学科

按照 h 指数算法，管理学（含科学学、人才学）领域的学科高被引出版社共有50家被选出。将这些出版社按学科被引频次指标排序，列表展示其各指标数值，如表4-10所示。

表4-10　管理学（含科学学、人才学）学科高被引出版社的指标数值（2007～2011年）

排序	出版社	学科被引频次/次	高被引图书数/种	册均被引频次/次
1	人民出版社	923	16	0.20
2	商务印书馆	892	20	0.29
3	中国人民大学出版社	685	13	0.09
4	科学出版社	615	20	—
5	北京大学出版社	484	6	0.06
5	生活·读书·新知三联书店	484	15	—
7	中国社会科学出版社	457	10	0.12
8	社会科学文献出版社	345	7	0.10
9	机械工业出版社	319	7	0.02
10	清华大学出版社	318	5	0.03
11	上海人民出版社	287	3	0.08
12	华夏出版社	278	7	0.13
13	上海译文出版社	253	9	0.18
14	经济科学出版社	193	2	0.04
15	科学技术文献出版社	179	3	0.12
16	复旦大学出版社	177	5	0.06
17	中国统计出版社	171	0	0.13
18	中华书局	158	1	0.09
19	知识产权出版社	157	4	0.07
20	上海科技教育出版社	130	3	0.13
21	经济管理出版社	125	0	0.07

续表

排序	出版社	学科被引频次/次	高被引图书数/种	册均被引频次/次
22	东方出版社	119	4	—
23	中国经济出版社	118	0	0.05
24	广西师范大学出版社	97	3	—
25	中信出版社	92	0	—
26	中央文献出版社	90	2	0.09
26	电子工业出版社	90	2	0.01
28	华东师范大学出版社	87	0	0.02
29	中央编译出版社	83	1	—
30	南京大学出版社	79	1	0.04
30	北京理工大学出版社	79	2	—
32	中共中央党校出版社	78	0	0.09
33	武汉大学出版社	74	2	0.02
34	新华出版社	73	1	0.04
35	上海科学技术出版社	70	1	0.03
36	中国财政经济出版社	68	0	0.02
36	四川人民出版社	68	1	—
38	人民教育出版社	66	1	0.02
39	中国科学技术大学出版社	63	0	0.04
39	人民邮电出版社	63	1	0.01
41	华中科技大学出版社	62	1	0.02
41	中国科学技术出版社	62	1	—
41	法律出版社	62	0	0.01
44	译林出版社	60	3	—
45	江苏人民出版社	59	0	0.02
45	吉林人民出版社	59	1	0.03
47	教育科学出版社	58	1	0.03
48	上海财经大学出版社	53	0	0.04
49	浙江教育出版社	52	2	—
50	首都经济贸易大学出版社	51	3	0.10

注：表中部分出版社因出版册数数据缺失，"册均被引频次"指标以"—"表示。

从表4-10可以看出，在管理学（含科学学、人才学）知识领域产生学术影响的出版社大多为综合性出版社，这也跟其学科特点有关，该学科属于学科交叉性较强的应用性学科。该学科领域位居前两名的是人民出版社、商务印书馆，二者在学科被引频次、册均被引频次和高被引图书数方面都具有明显优势；科学出版社排名第四位，虽然在学科被引频次指标上略逊于排名第三的中国人民大学出版社，但其高被引图书数指标表现最好，与商务印书馆并驾齐驱。

9. 民族学学科

按照 h 指数算法，民族学领域的学科高被引出版社共有 41 家被选出。将这些出版社按学科被引频次指标排序，列表展示其各指标数值，如表 4-11 所示。

表 4-11 民族学学科高被引出版社的指标数值（2007~2011 年）

排序	出版社	学科被引频次/次	高被引图书数/种	册均被引频次/次
1	民族出版社	676	13	0.18
2	人民出版社	430	14	0.09
3	中华书局	427	15	0.23
4	中央民族大学出版社	339	4	0.44
5	商务印书馆	330	4	0.11
6	上海人民出版社	321	12	0.09
7	中国社会科学出版社	301	2	0.08
8	北京大学出版社	284	6	0.04
9	云南人民出版社	276	1	—
10	生活·读书·新知三联书店	267	5	—
11	社会科学文献出版社	250	5	0.07
12	云南民族出版社	247	0	—
13	广西人民出版社	164	2	—
14	四川民族出版社	150	2	—
15	云南大学出版社	145	0	—
16	华夏出版社	143	5	0.07
17	中国人民大学出版社	141	2	0.02
18	广西民族出版社	135	3	—
19	宁夏人民出版社	132	1	—
20	广西师范大学出版社	117	2	—
21	云南教育出版社	110	2	—
22	贵州民族出版社	94	1	—
23	贵州人民出版社	93	0	—

续表

排序	出版社	学科被引频次/次	高被引图书数/种	册均被引频次/次
24	青海人民出版社	87	1	—
25	中央编译出版社	75	4	—
26	新华出版社	73	3	0.04
27	天津人民出版社	71	0	0.05
28	上海古籍出版社	68	0	0.05
28	新疆人民出版社	68	0	—
30	内蒙古人民出版社	66	0	—
31	四川人民出版社	62	0	—
32	江苏人民出版社	57	1	0.02
33	中国藏学出版社	56	0	0.15
34	译林出版社	55	1	—
35	上海译文出版社	53	3	0.04
36	西藏人民出版社	51	0	—
37	文物出版社	49	1	0.04
37	辽宁人民出版社	49	4	0.05
37	黑龙江人民出版社	49	0	0.03
40	上海文艺出版社	48	1	—
41	浙江人民出版社	47	0	—

注：表中部分出版社因出版册数数据缺失，"册均被引频次"指标以"—"表示。

表4-11显示，民族学领域的高被引出版社以我国少数民族聚居区的出版社为主，范围覆盖云南、广西、四川、宁夏、贵州、青海、新疆、内蒙古等全国各地区，说明这些出版社在利用民族地域优势、出版民族学图书、发挥民族学学术影响力方面做出了突出贡献。与此同时，从表4-11中还可以看出，排名靠前的高被引出版社的所在地主要分布在北京、上海两地，其中，民族出版社作为专业性出版社位居榜首，中央民族大学出版社位居第四，其余多为大型综合性出版社。

10. 政治学学科

按照 h 指数算法，政治学领域的学科高被引出版社共有135家被选出。将这些出版社按学科被引频次指标排序，列表展示其各指标数值，如表4-12所示。

表 4-12　政治学学科高被引出版社的指标数值（2007～2011 年）

排序	出版社	学科被引频次/次	高被引图书数/种	册均被引频次/次
1	人民出版社	48 433	113	10.44
2	商务印书馆	15 074	125	4.95
3	生活·读书·新知三联书店	8 760	69	—
4	上海人民出版社	8 677	87	2.35
5	中国人民大学出版社	8 641	87	1.17
6	中国社会科学出版社	8 162	74	2.08
7	社会科学文献出版社	7 820	51	2.26
8	北京大学出版社	7 048	60	0.87
9	中央文献出版社	6 475	27	6.61
10	中华书局	3 835	34	2.09
11	世界知识出版社	3 585	33	3.20
12	华夏出版社	3 546	36	1.63
13	中共中央党校出版社	3 045	7	3.36
14	中央编译出版社	2 817	16	—
15	法律出版社	2 810	7	0.48
16	江苏人民出版社	2 447	28	0.72
17	上海译文出版社	2 432	21	1.69
18	中国政法大学出版社	2 279	9	2.07
19	新华出版社	2 128	21	1.14
20	浙江人民出版社	2 087	30	—
21	天津人民出版社	1 621	18	1.04
22	复旦大学出版社	1 468	18	0.48
23	译林出版社	1 401	20	—
24	东方出版社	1 386	7	—
25	吉林人民出版社	1 254	15	0.72
26	清华大学出版社	1 195	10	0.10
27	中共党史出版社	1 107	3	0.66
28	时事出版社	1 078	4	2.46
29	江西人民出版社	1 063	4	0.90
30	中国大百科全书出版社	1 046	7	0.52
31	山东人民出版社	1 031	7	0.63
32	民族出版社	948	4	0.25
33	四川人民出版社	920	6	—

续表

排序	出版社	学科被引频次/次	高被引图书数/种	册均被引频次/次
34	学林出版社	883	9	0.89
35	广西师范大学出版社	881	6	—
36	武汉大学出版社	852	4	0.25
37	经济科学出版社	823	5	0.17
38	中国经济出版社	815	3	0.33
39	重庆出版社	781	5	—
40	中国人民公安大学出版社	738	2	0.39
41	上海社会科学院出版社	714	7	0.80
42	上海古籍出版社	708	2	0.48
43	华东师范大学出版社	685	3	0.16
44	中国法制出版社	682	1	—
44	中国统计出版社	682	0	0.52
46	湖南人民出版社	651	2	—
47	南京大学出版社	637	4	0.34
48	中国财政经济出版社	613	1	0.18
49	黑龙江人民出版社	612	5	0.42
50	广东人民出版社	567	2	0.32
51	中国青年出版总社	552	5	0.22
52	中央民族大学出版社	539	3	0.70
53	中信出版社	531	4	—
54	中国发展出版社	502	5	—
55	河南人民出版社	483	3	0.38
56	中国社会出版社	461	1	—
57	海南出版社	460	4	—
58	贵州人民出版社	447	5	—
58	国家行政学院出版社	447	3	—
60	中国方正出版社	443	1	—
61	科学出版社	432	0	—
62	北京出版社	431	3	0.23
63	上海书店出版社	417	5	0.46
64	上海辞书出版社	414	0	0.31
65	学习出版社	395	2	—

续表

排序	出版社	学科被引频次/次	高被引图书数/种	册均被引频次/次
66	首都经济贸易大学出版社	392	9	0.79
67	上海远东出版社	377	5	0.28
68	当代中国出版社	370	1	—
69	中山大学出版社	367	3	—
70	云南人民出版社	366	1	—
71	当代世界出版社	355	2	—
72	河北人民出版社	351	2	0.39
73	湖北人民出版社	343	1	0.19
74	岳麓书社	339	2	0.47
75	群众出版社	335	0	0.36
76	中国劳动社会保障出版社	334	1	0.11
77	北京师范大学出版社	331	1	0.07
78	经济管理出版社	321	3	0.19
79	辽宁人民出版社	320	1	0.30
80	经济日报出版社	318	2	0.41
81	福建人民出版社	315	1	0.32
82	辽宁教育出版社	313	4	0.25
83	陕西人民出版社	311	1	—
84	光明日报出版社	309	2	0.14
85	党建读物出版社	299	0	—
86	教育科学出版社	296	2	0.13
87	机械工业出版社	295	2	0.02
88	红旗出版社	294	0	0.41
89	华中师范大学出版社	291	3	0.17
90	人民文学出版社	280	2	0.13
91	人民教育出版社	279	0	0.10
92	新星出版社	271	3	—
93	国际文化出版公司	265	2	0.46
94	中国广播影视出版社	261	3	0.26
95	浙江大学出版社	253	0	0.06
96	上海财经大学出版社	245	0	0.18
97	南开大学出版社	237	3	0.19

续表

排序	出版社	学科被引频次/次	高被引图书数/种	册均被引频次/次
98	新疆人民出版社	222	1	—
99	江苏教育出版社	221	1	0.03
99	中国工人出版社	221	0	0.20
101	广西人民出版社	218	1	—
102	上海教育出版社	216	0	0.08
103	军事科学出版社	214	1	0.61
104	上海文艺出版社	213	2	—
105	中国检察出版社	211	1	—
106	中国言实出版社	207	2	—
107	安徽人民出版社	206	2	0.21
107	中国传媒大学出版社	206	1	—
107	中国文史出版社	206	0	0.20
110	中国档案出版社	204	0	—
111	西北大学出版社	193	0	—
112	山东大学出版社	192	0	0.18
113	云南大学出版社	190	1	—
114	中国民主法制出版社	186	0	—
115	人民日报出版社	184	0	0.14
116	厦门大学出版社	182	0	0.16
117	河北教育出版社	180	1	0.38
118	甘肃人民出版社	176	0	—
119	吉林出版集团有限责任公司	173	1	—
120	九州出版社	169	0	—
121	知识产权出版社	167	0	0.07
122	吉林大学出版社	159	1	0.04
123	中国农业出版社	154	0	0.03
123	黑龙江教育出版社	154	2	0.14
125	山西人民出版社	151	0	0.10
125	中国华侨出版社	151	0	—
127	华文出版社	150	0	—
127	国防大学出版社	150	0	0.44
129	天津社会科学院出版社	149	2	0.37

续表

排序	出版社	学科被引频次/次	高被引图书数/种	册均被引频次/次
130	中国对外翻译出版有限公司	147	1	—
131	中国国际广播出版社	141	0	0.31
132	中国妇女出版社	140	0	0.16
133	湖南教育出版社	136	1	0.04
133	上海交通大学出版社	136	0	0.04
135	人民法院出版社	135	0	0.13

注：表中部分出版社因出版册数数据缺失，"册均被引频次"指标以"—"表示。

表 4-12 显示，政治学领域的高被引出版社规模较大，基本覆盖了大部分党、政、法系统的出版社，以及大学类出版社和社科综合类出版社。这些出版社的各项指标均表现较好，在该学科领域具有重要的学术影响力。人民出版社充分展示出其在时政研究领域的强大影响力，其学科被引频次指标、册均被引频次指标与高被引图书数指标都遥遥领先；商务印书馆、生活·读书·新知三联书店作为老牌的经典综合性出版社排在人民出版社之后，分别居于第二、第三的位置；上海人民出版社、中国人民大学出版社、中国社会科学出版社等的各指标也表现不俗。

11. 法学学科

按照 h 指数算法，法学领域的学科高被引出版社共有 116 家被选出。将这些出版社按学科被引频次指标排序，列表展示其各指标数值，如表 4-13 所示。

表 4-13 法学学科高被引出版社的指标数值（2007～2011 年）

排序	出版社	学科被引频次/次	高被引图书数/种	册均被引频次/次
1	法律出版社	50 009	22	8.60
2	中国政法大学出版社	34 014	19	30.89
3	商务印书馆	16 913	10	5.56
4	北京大学出版社	14 405	1	1.78
5	中国人民大学出版社	13 833	4	1.87
6	中国法制出版社	11 572	1	—
7	人民出版社	7 357	3	1.59
8	中国人民公安大学出版社	6 167	0	3.25
9	生活·读书·新知三联书店	5 856	3	—
10	中国大百科全书出版社	5 494	7	2.61

续表

排序	出版社	学科被引频次/次	高被引图书数/种	册均被引频次/次
11	人民法院出版社	4 947	0	4.62
12	中国社会科学出版社	4 583	1	1.17
13	中华书局	4 487	0	2.45
14	中国检察出版社	4 040	0	—
15	武汉大学出版社	3 880	3	1.13
16	上海人民出版社	3 192	0	0.86
17	清华大学出版社	3 015	0	0.24
18	社会科学文献出版社	2 874	0	0.83
19	山东人民出版社	2 664	1	1.64
20	中国方正出版社	2 602	0	—
21	群众出版社	1 978	0	2.15
22	华夏出版社	1 974	1	0.90
23	吉林人民出版社	1 352	0	0.78
24	知识产权出版社	1 269	0	0.53
25	中国民主法制出版社	1 079	0	—
26	复旦大学出版社	1 052	0	0.34
27	上海译文出版社	1 006	0	0.70
28	江苏人民出版社	976	0	0.29
29	厦门大学出版社	756	0	0.68
30	上海古籍出版社	752	0	0.51
31	经济科学出版社	723	0	0.15
32	科学出版社	714	0	—
33	广西师范大学出版社	684	0	—
34	中信出版社	650	0	—
35	中央编译出版社	621	0	—
36	译林出版社	572	0	—
37	四川人民出版社	567	0	—
38	贵州人民出版社	561	0	—
39	中国财政经济出版社	547	0	0.16
40	光明日报出版社	542	1	0.25
41	浙江人民出版社	511	0	—
42	南京大学出版社	476	0	0.25

续表

排序	出版社	学科被引频次/次	高被引图书数/种	册均被引频次/次
43	湖南人民出版社	462	0	—
44	吉林大学出版社	453	0	0.11
45	上海辞书出版社	435	0	0.33
46	上海社会科学院出版社	430	0	0.48
47	中国金融出版社	420	0	0.23
48	东方出版社	417	0	—
49	上海书店出版社	408	0	0.45
50	学林出版社	393	0	0.39
51	中国经济出版社	381	0	0.15
52	中国劳动社会保障出版社	353	0	0.11
53	上海财经大学出版社	319	0	0.23
53	文物出版社	319	0	0.26
55	新华出版社	318	0	0.17
56	黑龙江人民出版社	307	0	0.21
57	天津人民出版社	306	0	0.20
58	中央文献出版社	303	0	0.31
59	上海远东出版社	301	0	0.10
60	世界知识出版社	295	0	0.26
61	重庆出版社	291	0	—
62	中国环境出版社	287	0	0.23
63	辽宁人民出版社	286	0	0.27
64	浙江大学出版社	280	0	0.07
65	河南人民出版社	273	0	0.21
66	民族出版社	256	0	0.07
67	机械工业出版社	255	0	0.02
68	陕西人民出版社	249	0	—
69	华东师范大学出版社	248	0	0.06
70	中国发展出版社	247	0	—
71	中共中央党校出版社	241	0	0.27
72	中国工商出版社	238	0	—
73	中山大学出版社	234	0	—
74	首都经济贸易大学出版社	227	0	0.46

续表

排序	出版社	学科被引频次/次	高被引图书数/种	册均被引频次/次
75	对外经济贸易大学出版社	221	0	0.16
76	中国对外翻译出版有限公司	219	0	—
77	河北人民出版社	217	0	0.24
78	岳麓书社	199	0	0.28
79	湖北人民出版社	198	0	0.11
79	经济管理出版社	198	0	0.11
81	江西人民出版社	197	0	0.17
82	山东大学出版社	194	0	0.18
83	国家行政学院出版社	189	0	—
84	黄山书社	187	0	0.12
85	云南人民出版社	180	0	—
86	辽宁教育出版社	179	0	0.14
87	北京出版社	176	0	0.09
88	甘肃人民出版社	171	0	—
89	福建人民出版社	170	0	0.17
89	时事出版社	170	0	0.39
91	海洋出版社	167	0	0.14
92	中国广播影视出版社	162	0	0.16
93	北京师范大学出版社	161	0	0.04
93	南京师范大学出版社	161	0	0.10
95	上海交通大学出版社	160	0	0.05
95	新星出版社	160	0	—
97	大连海事大学出版社	159	0	0.26
98	中央民族大学出版社	157	0	0.20
98	重庆大学出版社	157	0	—
100	国家图书馆出版社	153	0	—
101	四川大学出版社	148	0	—
102	警官教育出版社	143	0	—
103	教育科学出版社	142	0	0.06
104	南开大学出版社	137	0	0.11
104	中国社会出版社	137	0	—
106	经济日报出版社	136	0	0.18

续表

排序	出版社	学科被引频次/次	高被引图书数/种	册均被引频次/次
107	人民教育出版社	135	0	0.05
108	广东人民出版社	132	0	0.08
109	中国人事出版社	131	0	—
110	国际文化出版公司	130	0	0.23
111	广西人民出版社	126	0	—
111	青海人民出版社	126	0	—
111	上海文艺出版社	126	0	—
114	中国统计出版社	125	0	0.09
115	东北财经大学出版社	121	0	0.08
116	湖南大学出版社	119	0	0.13

注：表中部分出版社因出版册数数据缺失，"册均被引频次"指标以"—"表示。

从表 4-13 可以看出，法学学科的高被引出版社集中了大部分法学专业出版社，如法律出版社、中国政法大学出版社、中国法制出版社、中国人民公安大学出版社、人民法院出版社、中国检察出版社等。因此，法学学科出版社的学科被引频次指标数值显示出较强的专业集中性与核心效应，这在其他人文社会科学学科中较为少见。在法学专业出版社中，法律出版社在学科被引频次指标和高被引图书数指标中的排名都位居第一，而中国政法大学出版社的册均被引频次指标则遥遥领先，二者各有优势侧重及发展空间。在综合性出版社中，商务印书馆、北京大学出版社和中国人民大学出版社等大型出版社在法学学科领域的各项指标中也都表现突出，具有较大的专业影响力。

12. 军事学学科

按照 h 指数算法，军事学领域的学科高被引出版社共有 28 家被选出。将这些出版社按学科被引频次指标排序，列表展示其各指标数值，如表 4-14 所示。

表 4-14　军事学学科高被引出版社的指标数值（2007～2011 年）

排序	出版社	学科被引频次/次	高被引图书数/种	册均被引频次/次
1	人民出版社	956	14	0.21
2	军事科学出版社	432	12	1.23

续表

排序	出版社	学科被引频次/次	高被引图书数/种	册均被引频次/次
3	中华书局	366	11	0.20
4	商务印书馆	195	3	0.06
5	国防大学出版社	176	1	0.52
6	中央文献出版社	157	4	0.16
7	上海人民出版社	133	1	0.04
8	中国社会科学出版社	114	3	0.03
9	生活·读书·新知三联书店	95	2	—
10	世界知识出版社	91	1	0.08
11	海潮出版社	73	2	0.09
12	中国人民大学出版社	58	0	0.01
13	新华出版社	56	0	0.03
14	北京大学出版社	53	0	0.01
15	上海古籍出版社	50	0	0.03
16	社会科学文献出版社	48	0	0.01
17	岳麓书社	44	0	0.06
17	军事谊文出版社	44	0	0.19
19	法律出版社	43	2	0.01
20	中共中央党校出版社	41	0	0.05
21	中共党史出版社	38	0	0.02
22	广西师范大学出版社	37	2	—
23	时事出版社	36	0	0.08
23	国防工业出版社	36	0	0.01
25	当代中国出版社	35	2	—
25	中国藏学出版社	35	0	0.10
25	科学出版社	35	0	—
28	中国文史出版社	32	1	0.03

注：表中部分出版社因出版册数数据缺失，"册均被引频次"指标以"—"表示。

从表4-14可以看出，在28家涉及军事学领域的高被引出版社中，军事科学出版社、国防大学出版社、军事谊文出版社、国防工业出版社这四家标准的军事学专业出版社涌现出来。人民出版社作为综合性出版社，在军事学领域的学科被引频次指标和高被引图书数指标排序中都位居第一；军事科学出版社在册均被引频次指标中则领先于人民出版社,显示出明显的图书精品优势与专业影响力。

13. 经济学学科

按照 h 指数算法,经济学领域的学科高被引出版社共有 169 家被选出。将这些出版社按学科被引频次指标排序,列表展示其各指标数值,如表 4-15 所示。

表 4-15　经济学学科高被引出版社的指标数值(2007~2011 年)

排序	出版社	学科被引频次/次	高被引图书数/种	册均被引频次/次
1	人民出版社	21 009	91	4.53
2	商务印书馆	18 116	200	5.95
3	中国人民大学出版社	15 225	203	2.06
4	经济科学出版社	13 780	145	2.85
5	社会科学文献出版社	10 244	99	2.96
6	中国统计出版社	8 463	9	6.40
7	北京大学出版社	8 268	79	1.02
8	中国财政经济出版社	8 015	52	2.32
9	中国社会科学出版社	7 507	82	1.92
10	科学出版社	7 243	80	—
11	上海人民出版社	6 865	69	1.86
12	生活·读书·新知三联书店	6 731	78	—
13	清华大学出版社	6 660	75	0.53
14	中国经济出版社	5 644	47	2.29
15	机械工业出版社	4 863	56	0.31
16	中国金融出版社	4 814	44	2.59
17	中华书局	4 621	39	2.52
18	华夏出版社	4 538	44	2.08
19	经济管理出版社	4 451	44	2.58
20	上海财经大学出版社	3 814	41	2.75
21	复旦大学出版社	3 531	41	1.14
22	中信出版社	2 964	36	—
23	中国农业出版社	2 908	18	0.53
24	法律出版社	2 825	15	0.49
25	东北财经大学出版社	2 390	26	1.59
26	中国发展出版社	2 341	21	—

续表

排序	出版社	学科被引频次/次	高被引图书数/种	册均被引频次/次
27	首都经济贸易大学出版社	2 060	24	4.15
28	南开大学出版社	1 960	25	1.55
29	上海远东出版社	1 598	15	1.29
30	武汉大学出版社	1 492	10	0.43
31	中国建筑工业出版社	1 459	6	0.30
32	中央文献出版社	1 444	10	1.47
33	中国旅游出版社	1 437	12	1.21
34	上海译文出版社	1 346	17	0.94
35	江苏人民出版社	1 345	19	0.40
36	上海社会科学院出版社	1 343	14	1.50
37	中国劳动社会保障出版社	1 307	15	0.41
38	中国环境出版社	1 298	5	1.04
39	新华出版社	1 297	7	0.70
40	西南财经大学出版社	1 267	9	—
41	中央编译出版社	1 248	17	—
42	中国政法大学出版社	1 233	11	1.12
43	电子工业出版社	1 221	10	0.11
44	人民邮电出版社	1 086	14	0.11
45	南京大学出版社	1 083	10	0.57
46	浙江人民出版社	1 066	10	—
47	浙江大学出版社	975	6	0.23
48	中国计划出版社	963	4	0.99
49	中共中央党校出版社	948	3	1.05
50	上海古籍出版社	895	3	0.61
51	山西经济出版社	872	10	1.56
52	知识产权出版社	859	8	0.36
53	化学工业出版社	821	9	0.06
54	吉林人民出版社	807	7	0.47
55	天津人民出版社	785	2	0.50
56	四川人民出版社	759	7	—
57	企业管理出版社	755	4	0.56
58	中国税务出版社	752	7	—

续表

排序	出版社	学科被引频次/次	高被引图书数/种	册均被引频次/次
59	山东人民出版社	722	8	0.44
60	立信会计出版社	721	2	0.52
61	世界知识出版社	708	4	0.63
62	东南大学出版社	698	4	—
63	东方出版社	658	8	—
64	广东经济出版社	657	3	0.40
65	华东师范大学出版社	642	7	0.15
66	湖南人民出版社	637	3	—
66	华中科技大学出版社	637	9	0.17
68	中国大百科全书出版社	614	4	0.26
69	对外经济贸易大学出版社	589	5	0.44
70	民族出版社	586	3	0.16
71	中国林业出版社	581	0	0.32
72	学林出版社	576	4	0.58
73	经济日报出版社	571	7	0.74
74	上海交通大学出版社	549	4	0.18
74	江西人民出版社	549	7	0.47
76	广西师范大学出版社	541	3	—
77	云南人民出版社	533	2	—
78	广东人民出版社	531	4	0.30
79	中国时代经济出版社	529	1	—
80	厦门大学出版社	518	2	0.46
81	重庆出版社	512	2	—
82	中国财富出版社	506	1	0.41
83	中国水利水电出版社	500	1	0.11
84	中山大学出版社	493	1	—
85	中国法制出版社	485	0	—
86	科学技术文献出版社	484	2	0.33
87	译林出版社	477	6	—
88	旅游教育出版社	473	4	0.62
89	湖北人民出版社	460	3	0.25
90	黑龙江人民出版社	458	0	0.31

续表

排序	出版社	学科被引频次/次	高被引图书数/种	册均被引频次/次
91	北京出版社	456	4	0.24
92	教育科学出版社	451	2	0.20
93	河南人民出版社	446	4	0.35
94	陕西人民出版社	444	2	—
95	天津大学出版社	435	6	0.26
96	云南大学出版社	424	4	—
97	福建人民出版社	421	0	0.43
98	贵州人民出版社	408	2	—
99	北京师范大学出版社	401	2	0.09
100	广西人民出版社	399	1	—
101	中国市场出版社	395	3	—
102	当代中国出版社	391	1	—
103	海南出版社	389	2	—
104	中国商业出版社	386	3	0.26
105	重庆大学出版社	374	7	—
106	江苏凤凰出版社有限公司	371	0	—
107	中国农业科学技术出版社	366	0	0.27
107	中国大地出版社	366	2	—
109	辽宁人民出版社	359	3	0.34
110	四川大学出版社	357	1	—
111	中国科学技术出版社	343	1	0.15
112	中国商务出版社	339	0	0.38
113	同济大学出版社	324	3	0.25
114	气象出版社	321	1	0.28
115	中共党史出版社	320	2	0.19
115	中国轻工业出版社	320	6	0.12
117	中国言实出版社	318	1	—
118	中国城市出版社	316	3	—
119	时事出版社	315	2	0.72
119	中国质检出版社	315	1	0.16
121	山西人民出版社	311	2	0.20
122	上海书店出版社	308	1	0.34

续表

排序	出版社	学科被引频次/次	高被引图书数/种	册均被引频次/次
123	海洋出版社	303	0	0.25
124	上海辞书出版社	295	0	0.22
125	中国科学技术大学出版社	285	2	0.35
126	人民交通出版社	282	0	0.10
127	甘肃人民出版社	277	0	—
128	青海人民出版社	276	0	—
128	石油工业出版社	276	0	0.08
130	西安交通大学出版社	272	4	—
131	中国青年出版总社	270	1	0.11
132	中国社会出版社	266	0	—
133	地质出版社	262	0	0.13
134	民主与建设出版社	254	2	—
135	上海科技教育出版社	252	3	0.26
136	新疆人民出版社	249	1	—
137	安徽人民出版社	244	1	0.25
138	国防工业出版社	236	2	0.07
139	岳麓书社	235	0	0.33
139	光明日报出版社	235	0	0.11
141	人民教育出版社	229	1	0.08
142	中国文史出版社	224	0	0.21
143	文物出版社	223	1	0.18
144	暨南大学出版社	222	3	—
145	河北人民出版社	221	1	0.25
145	上海科学技术出版社	221	2	0.10
147	吉林大学出版社	217	1	0.05
148	中国电力出版社	213	0	—
149	国际文化出版公司	210	3	0.37
150	人民法院出版社	208	0	0.19
151	新星出版社	206	3	—
152	中国铁道出版社	204	1	0.03
153	中国纺织出版社	203	1	0.05
154	内蒙古人民出版社	201	1	—

续表

排序	出版社	学科被引频次/次	高被引图书数/种	册均被引频次/次
155	中国对外经济贸易出版社	197	0	—
156	齐鲁书社	192	1	0.25
157	宁夏人民出版社	189	0	—
157	湖南科学技术出版社	189	2	0.11
159	上海科学技术文献出版社	186	0	0.12
160	上海教育出版社	185	0	0.07
161	中国档案出版社	179	0	—
161	中央民族大学出版社	179	1	0.23
163	陕西师范大学出版社	177	2	—
164	华中师范大学出版社	176	0	0.10
164	中国工人出版社	176	1	0.16
166	黄山书社	173	0	0.11
167	中国方正出版社	172	0	—
167	广东旅游出版社	172	2	—
169	大连理工大学出版社	171	0	0.06

注：表中部分出版社因出版册数数据缺失，"册均被引频次"指标以"—"表示。

从表4-15可以看出，经济学高被引出版社中既有大型综合性出版社，也有经济科学出版社、中国统计出版社、中国财政经济出版社、中国经济出版社等大量的经济学领域专业性出版社。在专业性出版社中，经济科学出版社在学科被引频次指标中排名第四位，各项指标分布较为均衡。在综合性出版社中，商务印书馆的学科被引频次指标、册均被引频次指标和高被引图书数指标的数值均位居第二，综合表现突出；人民出版社的学科被引频次数值最高，但高被引图书数偏少，其需要进一步提升在经济学领域的精品图书学术影响力。从表4-15中的各指标表现来看，学科被引频次指标排名第一的是人民出版社，册均被引频次指标排名第一的是中国统计出版社，高被引图书数指标排名第一的是中国人民大学出版社，这说明经济学论文对各学科图书均有参考引用，充分体现出经济学在知识交流过程中的学科强势与覆盖广泛性。

14. 新闻与传播学学科

按照 h 指数算法，新闻与传播学领域的学科高被引出版社共有76家被选出。将这些出版社按学科被引频次指标排序，列表展示其各指标数值，如表4-16所示。

表 4-16　新闻与传播学学科高被引出版社的指标数值（2007～2011 年）

排序	出版社	学科被引频次/次	高被引图书数/种	册均被引频次/次
1	中国人民大学出版社	2225	40	0.30
2	商务印书馆	1811	26	0.59
3	新华出版社	1531	23	0.82
4	人民出版社	1484	16	0.32
5	北京大学出版社	1292	17	0.16
6	生活·读书·新知三联书店	1229	23	—
7	华夏出版社	1185	23	0.54
8	中国传媒大学出版社	1110	18	—
9	复旦大学出版社	1092	21	0.35
10	上海人民出版社	1065	16	0.29
11	社会科学文献出版社	928	11	0.27
12	清华大学出版社	906	18	0.07
13	中华书局	880	10	0.48
14	中国社会科学出版社	872	9	0.22
15	中国广播影视出版社	580	6	0.58
16	南京大学出版社	551	10	0.29
17	武汉大学出版社	514	8	0.15
18	广西师范大学出版社	467	9	—
19	上海译文出版社	456	8	0.32
20	科学出版社	445	5	—
21	中央编译出版社	432	6	—
22	江苏人民出版社	344	3	0.10
23	中国书籍出版社	330	2	0.41
24	上海古籍出版社	325	1	0.22
25	学林出版社	319	1	0.32
26	科学技术文献出版社	315	8	0.21
27	南方日报出版社	280	7	—
28	北京师范大学出版社	270	0	0.06
29	译林出版社	241	6	—
30	中国质检出版社	226	0	0.12
31	人民文学出版社	221	2	0.10
32	上海辞书出版社	201	2	0.15

续表

排序	出版社	学科被引频次/次	高被引图书数/种	册均被引频次/次
33	国家图书馆出版社	174	1	—
34	海南出版社	173	2	—
35	上海书店出版社	170	0	0.19
36	中信出版社	168	2	—
37	浙江大学出版社	167	1	0.04
38	重庆出版社	166	3	—
39	四川人民出版社	164	0	—
39	中国大百科全书出版社	164	0	0.08
41	福建人民出版社	160	3	0.16
42	辽宁教育出版社	156	2	0.13
43	天津人民出版社	146	1	0.09
44	河北教育出版社	134	1	0.28
45	法律出版社	133	0	0.02
45	华东师范大学出版社	133	1	0.03
47	浙江人民出版社	132	0	—
48	河南大学出版社	130	1	0.14
49	上海交通大学出版社	124	2	0.04
50	机械工业出版社	123	0	0.01
50	人民军医出版社	123	1	0.03
52	中国科学技术出版社	118	3	0.06
53	东方出版社	114	1	—
53	上海社会科学院出版社	114	0	0.13
55	电子工业出版社	111	1	0.01
56	人民邮电出版社	107	2	0.01
57	湖南人民出版社	103	0	—
58	人民日报出版社	99	0	0.08
59	苏州大学出版社	98	1	0.10
60	华中科技大学出版社	96	0	0.03
61	四川大学出版社	93	0	—
62	人民教育出版社	91	0	0.03
63	吉林人民出版社	90	0	0.05
64	上海外语教育出版社	89	0	0.04

续表

排序	出版社	学科被引频次/次	高被引图书数/种	册均被引频次/次
64	上海教育出版社	89	0	0.03
64	文化艺术出版社	89	0	0.06
67	河南人民出版社	88	0	0.07
67	天津社会科学院出版社	88	2	0.22
69	经济管理出版社	85	0	0.05
69	北京出版社	85	1	0.04
71	经济科学出版社	84	0	0.02
72	暨南大学出版社	83	0	—
73	中国经济出版社	81	0	0.03
74	山东人民出版社	80	0	0.05
75	中国政法大学出版社	79	0	0.07
75	山西人民出版社	79	1	0.05

注：表中部分出版社因出版册数数据缺失，"册均被引频次"指标以"—"表示。

从表 4-16 可以看出，新闻与传播学的 76 家高被引出版社中有新华出版社、中国传媒大学出版社、中国广播影视出版社三家属于该学科领域的专业出版社。其中，新华出版社在学科被引频次指标中位居第三，在册均被引频次指标中位居第一，这充分显示出该社在新闻与传播学领域的图书出版数量和出版质量的综合平衡及发展优势。在综合性出版社中，中国人民大学出版社、商务印书馆、人民出版社表现突出，它们在学科被引频次和高被引图书数方面都属于佼佼者，这反映出综合出版社在新闻与传播学领域具有强大的影响力。

15. 文化学学科

按照 h 指数算法，文化学领域的学科高被引出版社共有 6 家被选出。将这些出版社按学科被引频次指标排序，列表展示其各指标数值，如表 4-17 所示。

表 4-17　文化学学科高被引出版社的指标数值（2007～2011 年）

排序	出版社	学科被引频次/次	高被引图书数/种	册均被引频次/次
1	人民出版社	32	2	0.01
2	社会科学文献出版社	23	2	0.01
3	中国人民大学出版社	10	0	0.00
3	中国社会科学出版社	10	0	0.00

续表

排序	出版社	学科被引频次/次	高被引图书数/种	册均被引频次/次
5	商务印书馆	9	0	0.00
6	生活·读书·新知三联书店	7	0	—

注：表中部分出版社因出版册数数据缺失，"册均被引频次"指标以"—"表示。

从表4-17可以看出，在本书统计的25个学科中，文化学学科的高被引出版社数量最少，且均为综合性出版社。这6家综合性高被引出版社在文化学领域的各个专业指标中均表现微弱，大部分出版社缺少高被引图书，且册均被引频次几乎为0。这一方面与学科分类体系和数据处理方法有关，另一方面是因为文化学论文总量及其图书类参考文献总量的数据规模都偏小。不过，表4-17仍然反映出人民出版社、社会科学文献出版社、中国人民大学出版社等几家大型综合性出版社在文化学领域发挥了学术影响力。

16. 图书馆·情报与文献学学科

按照 h 指数算法，图书馆·情报与文献学领域的学科高被引出版社共有73家被选出。将这些出版社按学科被引频次指标排序，列表展示其各指标数值，如表4-18所示。

表4-18 图书馆·情报与文献学学科高被引出版社的指标数值（2007～2011年）

排序	出版社	学科被引频次/次	高被引图书数/种	册均被引频次/次
1	中华书局	4810	72	2.62
2	国家图书馆出版社	4174	61	—
3	上海古籍出版社	2183	26	1.49
4	武汉大学出版社	1568	32	0.46
5	商务印书馆	1219	8	0.40
6	北京大学出版社	1074	9	0.13
7	科学出版社	985	15	—
8	科学技术文献出版社	773	17	0.52
9	清华大学出版社	712	9	0.06
10	中国人民大学出版社	593	6	0.08
11	人民出版社	526	7	0.11
12	上海科学技术文献出版社	479	5	0.31
13	齐鲁书社	442	5	0.57
14	中国社会科学出版社	415	4	0.11
15	机械工业出版社	391	3	0.03

续表

排序	出版社	学科被引频次/次	高被引图书数/种	册均被引频次/次
16	电子工业出版社	373	6	0.03
17	上海人民出版社	358	4	0.10
18	生活·读书·新知三联书店	348	3	—
19	上海书店出版社	346	3	0.38
20	社会科学文献出版社	340	2	0.10
21	江苏凤凰出版社有限公司	311	2	—
22	南京大学出版社	258	1	0.14
23	华东师范大学出版社	227	3	0.05
24	上海辞书出版社	226	0	0.17
25	复旦大学出版社	199	2	0.06
26	华夏出版社	195	4	0.09
27	中国大百科全书出版社	194	0	0.09
28	人民邮电出版社	188	0	0.02
29	文物出版社	186	2	0.15
29	南开大学出版社	186	2	0.15
31	人民文学出版社	174	1	0.08
32	岳麓书社	169	2	0.23
33	广西师范大学出版社	166	2	—
34	华艺出版社	151	2	0.60
35	海洋出版社	148	3	0.12
36	中国统计出版社	145	0	0.11
37	上海社会科学院出版社	143	2	0.16
37	中信出版社	143	2	—
39	人民教育出版社	140	1	0.05
40	北京师范大学出版社	131	0	0.03
40	中国质检出版社	131	0	0.07
42	中山大学出版社	127	1	
43	国防工业出版社	117	1	0.03
44	广东人民出版社	113	0	0.06
45	东南大学出版社	111	2	—
46	上海译文出版社	110	1	0.08
47	河北教育出版社	109	0	0.23

续表

排序	出版社	学科被引频次/次	高被引图书数/种	册均被引频次/次
48	法律出版社	108	0	0.02
49	知识产权出版社	107	0	0.04
50	巴蜀书社	106	1	—
51	上海教育出版社	105	0	0.04
52	北京出版社	103	1	0.05
53	浙江大学出版社	101	2	0.02
54	中国经济出版社	98	0	0.04
55	新华出版社	95	1	0.05
55	辽宁人民出版社	95	1	0.09
57	民族出版社	94	0	0.03
57	华中师范大学出版社	94	3	0.06
57	四川大学出版社	94	1	—
60	中国书店出版社	93	0	0.14
60	辽宁教育出版社	93	0	0.07
62	浙江古籍出版社	92	0	—
63	江西人民出版社	88	2	0.07
64	四川人民出版社	86	2	—
64	安徽大学出版社	86	2	0.14
66	浙江人民出版社	85	0	—
67	湖北人民出版社	83	1	0.05
68	湖南大学出版社	82	1	0.09
69	中国政法大学出版社	79	1	0.07
69	海天出版社	79	2	—
71	中州古籍出版社	78	1	0.09
72	教育科学出版社	76	1	0.03
73	吉林人民出版社	75	0	0.04

注：表中部分出版社因出版册数数据缺失，"册均被引频次"指标以"—"表示。

从表 4-18 可以看出，图书馆·情报与文献学领域的高被引出版社基本上分为三种类型：综合性出版社、专业性出版社与大学出版社。在综合性出版社中，大部分出版社同时也是图书文献或古籍领域的优秀专业性出版社，例如，中华书局的学科被引频次指标、册均被引频次指标和高被引图书数指标都稳居榜首，其他如上海古籍出版社、商务印书馆、科学技术文献出版社等也都在学科被引频次方面表现优异。很明显，这些综合性出版社名字中都带有"图书""古籍""文献"字眼，在这个意义上，我们也可以说其是图书馆·情报与文献学的专业性出版社。在专业性出版社中，国家图书馆出版社（原书目文献出版社后变更为北京图书馆出版社，又变更为国家图书馆出版社）是纯粹的图书馆·情报与文献学专业性出版社，其学科被引频次指标和高被引图书数指标均居第二位。在大学出版社中，武汉大学出版社在图书馆·情报与文献学领域的学科特色和学科优势都很明显，学术影响力较大，这彰显出武汉大学作为图书情报学教育发源地及学科研究重镇的功能定位；北京大学出版社、清华大学出版社和中国人民大学出版社等也都显示出其所在母体大学在图书情报教育及研究领域的学科特色与学术影响力。由此可见，在图书馆·情报与文献学学科的高被引出版社中，无论是专业性出版社，还是综合性出版社、大学类出版社，都在一定程度上带有图书馆·情报与文献学的学科特点，可以被归属于该学科的专业性出版社。

17. 教育学学科

按照 h 指数算法，教育学领域的学科高被引出版社共有 115 家被选出。将这些出版社按学科被引频次指标排序，列表展示其各指标数值，如表 4-19 所示。

表 4-19　教育学学科高被引出版社的指标数值（2007～2011 年）

排序	出版社	学科被引频次/次	高被引图书数/种	册均被引频次/次
1	人民教育出版社	7614	100	2.76
2	教育科学出版社	7318	106	3.21
3	人民出版社	5527	28	1.19
4	商务印书馆	4426	55	1.45
5	华东师范大学出版社	3958	61	0.92
6	生活·读书·新知三联书店	3359	45	—
7	北京大学出版社	3066	38	0.38
8	北京师范大学出版社	2619	32	0.57
9	上海教育出版社	2428	34	0.91
10	浙江教育出版社	2408	25	—
11	中国人民大学出版社	2401	27	0.32
12	上海人民出版社	1840	19	0.50
13	中国社会科学出版社	1794	14	0.46
14	中华书局	1646	22	0.90
15	社会科学文献出版社	1307	8	0.38

续表

排序	出版社	学科被引频次/次	高被引图书数/种	册均被引频次/次
16	华夏出版社	1193	16	0.55
17	上海译文出版社	1052	16	0.73
18	江苏教育出版社	1010	14	0.12
19	清华大学出版社	855	5	0.07
20	广西师范大学出版社	830	10	—
21	中国轻工业出版社	737	7	0.29
22	山东教育出版社	684	9	0.74
23	湖南教育出版社	651	9	0.19
24	复旦大学出版社	637	4	0.21
25	科学出版社	598	0	—
26	中央编译出版社	562	6	—
27	福建教育出版社	549	9	0.23
28	中国统计出版社	499	0	0.38
29	江苏人民出版社	485	5	0.14
30	上海古籍出版社	446	2	0.30
31	南京师范大学出版社	439	6	0.28
32	浙江大学出版社	426	0	0.10
33	新华出版社	418	5	0.22
34	四川教育出版社	413	6	—
35	中国大百科全书出版社	412	1	0.20
36	华中师范大学出版社	397	2	0.24
37	山西教育出版社	390	5	0.25
38	杭州大学出版社	383	2	—
39	民族出版社	374	2	0.10
40	广东教育出版社	367	1	—
41	中央文献出版社	361	5	0.37
42	海南出版社	359	3	—
43	南京大学出版社	351	3	0.19
44	湖北教育出版社	344	2	0.16
45	浙江人民出版社	337	2	—
46	吉林人民出版社	333	2	0.19
46	广东高等教育出版社	333	3	0.48

续表

排序	出版社	学科被引频次/次	高被引图书数/种	册均被引频次/次
48	山东人民出版社	332	2	0.20
49	译林出版社	325	8	—
50	重庆出版社	316	4	—
51	经济科学出版社	315	1	0.07
52	贵州人民出版社	314	3	—
53	江西教育出版社	308	2	0.19
54	天津人民出版社	307	1	0.20
55	东方出版社	300	4	—
56	武汉大学出版社	295	3	0.09
57	四川人民出版社	288	2	—
58	云南人民出版社	284	5	—
59	上海辞书出版社	283	0	0.21
60	华中科技大学出版社	279	4	0.07
61	学林出版社	278	4	0.28
62	机械工业出版社	269	0	0.02
63	安徽教育出版社	256	3	0.26
64	河北教育出版社	251	2	0.53
65	中国海洋大学出版社	250	2	0.29
66	人民文学出版社	228	1	0.11
67	岳麓书社	226	3	0.31
68	中国财政经济出版社	224	0	0.06
69	法律出版社	220	0	0.04
69	辽宁人民出版社	220	2	0.21
71	中国政法大学出版社	215	1	0.20
72	辽宁教育出版社	202	1	0.16
73	首都师范大学出版社	200	1	0.16
74	上海科技教育出版社	194	1	0.20
74	上海外语教育出版社	194	1	0.09
76	北京出版社	191	0	0.10
77	上海社会科学院出版社	190	0	0.21
78	湖南人民出版社	186	0	—
79	东北师范大学出版社	183	0	0.13

续表

排序	出版社	学科被引频次/次	高被引图书数/种	册均被引频次/次
80	湖北人民出版社	182	0	0.10
81	吉林教育出版社	181	0	0.17
82	重庆大学出版社	175	0	—
83	中国经济出版社	173	0	0.07
84	江西人民出版社	169	1	0.14
85	经济管理出版社	164	1	0.09
85	中央民族大学出版社	164	0	0.21
85	光明日报出版社	164	1	0.08
88	国际文化出版公司	163	2	0.28
88	上海交通大学出版社	163	0	0.05
90	广东人民出版社	160	0	0.09
91	中国青年出版总社	158	1	0.06
92	南开大学出版社	157	1	0.12
93	西南师范大学出版社	156	0	—
94	江苏凤凰出版社有限公司	153	0	—
94	黑龙江人民出版社	153	0	0.10
94	首都经济贸易大学出版社	153	1	0.31
97	甘肃教育出版社	151	2	—
98	人民邮电出版社	150	1	0.01
99	湖南大学出版社	148	2	0.16
100	外语教学与研究出版社	146	0	0.03
101	河北人民出版社	145	1	0.16
102	科学技术文献出版社	139	1	0.09
103	广西教育出版社	130	0	—
104	湖南师范大学出版社	129	1	0.15
105	中信出版社	125	0	—
105	中山大学出版社	125	0	—
105	北京理工大学出版社	125	1	—
108	上海书店出版社	124	1	0.14
108	中国发展出版社	124	2	—
110	陕西人民教育出版社	123	0	—
111	黑龙江教育出版社	122	2	0.11

续表

排序	出版社	学科被引频次/次	高被引图书数/种	册均被引频次/次
112	中国法制出版社	119	0	—
113	中央广播电视大学出版社	118	0	0.11
113	上海远东出版社	118	0	0.08
115	上海科学技术出版社	117	1	0.05

注：表中部分出版社因出版册数数据缺失，"册均被引频次"指标以"—"表示。

从表4-19可以看出，在115家教育学领域的高被引出版社中，共有24家教育学专业出版社，其各专业性指标数值显示出明显的专业核心出版社的特点与优势。此外，还有9家师范院校出版社在教育学研究领域的专业性指标表现较好，具有教育学出版社的专业传播功能与学术影响力。在表4-19中，人民教育出版社和教育科学出版社分别居于第一位和第二位，充分显示出教育学出版领域的"领头雁"角色。值得注意的是，人民出版社、商务印书馆与生活·读书·新知三联书店等几家大型综合性出版社也居于前十位甚至前三位，它们也在教育学研究领域发挥着独特的专业学术影响力。

18. 体育学学科

按照 h 指数算法，体育学领域的学科高被引出版社共有78家被选出。将这些出版社按学科被引频次指标排序，列表展示其各指标数值，如表4-20所示。

表4-20 体育学学科高被引出版社的指标数值（2007~2011年）

排序	出版社	学科被引频次/次	高被引图书数/种	册均被引频次/次
1	人民体育出版社	6663	113	8.50
2	北京体育大学出版社	3838	83	3.68
3	人民出版社	1141	9	0.25
4	中国人民大学出版社	1047	18	0.14
5	商务印书馆	1020	7	0.34
6	北京大学出版社	798	9	0.10
7	人民教育出版社	768	7	0.28
8	中华书局	748	13	0.41
9	社会科学文献出版社	639	8	0.18
10	清华大学出版社	622	11	0.05
11	上海人民出版社	592	8	0.16
12	教育科学出版社	580	13	0.25

续表

排序	出版社	学科被引频次/次	高被引图书数/种	册均被引频次/次
13	华东师范大学出版社	542	4	0.13
14	中国社会科学出版社	529	5	0.14
15	生活·读书·新知三联书店	478	1	—
16	北京师范大学出版社	417	3	0.09
17	广西师范大学出版社	393	2	—
18	科学出版社	361	2	—
19	复旦大学出版社	357	5	0.12
20	华夏出版社	327	4	0.15
21	上海辞书出版社	298	0	0.22
22	人民卫生出版社	253	2	0.04
23	四川教育出版社	249	7	—
24	上海教育出版社	246	4	0.09
25	法律出版社	228	3	0.04
26	中国经济出版社	225	3	0.09
27	上海古籍出版社	220	2	0.15
28	云南人民出版社	210	5	—
29	浙江教育出版社	202	2	—
30	中国大百科全书出版社	199	1	0.09
31	民族出版社	195	3	0.05
32	新华出版社	191	1	0.10
33	上海译文出版社	183	3	0.13
34	中国统计出版社	182	0	0.14
35	经济科学出版社	169	0	0.04
36	广东人民出版社	165	2	0.09
37	中国轻工业出版社	141	1	0.05
38	浙江人民出版社	136	0	—
39	中国书籍出版社	133	3	0.17
40	武汉大学出版社	131	0	0.04
41	机械工业出版社	124	1	0.01
42	南京大学出版社	122	1	0.06
43	江苏人民出版社	119	0	0.04
43	浙江大学出版社	119	0	0.03
43	广东高等教育出版社	119	1	0.17

续表

排序	出版社	学科被引频次/次	高被引图书数/种	册均被引频次/次
46	中国政法大学出版社	115	0	0.10
46	山东人民出版社	115	1	0.07
48	中国社会出版社	114	2	—
48	北京出版社	114	0	0.06
50	上海文艺出版社	113	1	—
50	东方出版社	113	1	—
50	人民文学出版社	113	1	0.05
50	中央编译出版社	113	1	—
54	山东教育出版社	109	2	0.12
55	经济管理出版社	107	0	0.06
56	学林出版社	104	1	0.10
56	贵州人民出版社	104	2	—
58	天津人民出版社	97	0	0.06
58	中央民族大学出版社	97	1	0.13
60	电子工业出版社	96	2	0.01
61	上海社会科学院出版社	95	0	0.11
61	中国传媒大学出版社	95	1	—
63	陕西人民出版社	91	1	—
64	四川人民出版社	90	0	—
64	湖北教育出版社	90	1	0.04
66	中国财政经济出版社	89	0	0.03
67	上海书店出版社	87	1	0.10
67	吉林人民出版社	87	0	0.05
69	黑龙江人民出版社	83	0	0.06
70	中国法制出版社	82	0	—
70	辽宁教育出版社	82	0	0.07
72	华中师范大学出版社	81	1	0.05
73	上海科学技术出版社	79	0	0.03
73	重庆出版社	79	0	—
73	人民邮电出版社	79	1	0.01
76	辽宁人民出版社	78	0	0.07
76	湖北人民出版社	78	2	0.04
76	文化艺术出版社	78	1	0.05

注：表中部分出版社因出版册数数据缺失，"册均被引频次"指标以"—"表示。

从表 4-20 可以看出,在体育学高被引出版社中,虽然纯粹的体育学专业性出版社数量不多,但这些出版社的学科被引频次指标的优势极其明显。例如,人民体育出版社、北京体育大学出版社这两家专业性出版社的学科被引频次指标、册均被引频次指标和高被引图书数指标的数值均遥遥领先,在体育学领域发挥着重要的知识传播和学术影响作用。此外,在体育学领域具有重要学术影响力的出版社还有综合性出版社和大学出版社,例如,人民出版社、商务印书馆和中华书局,它们作为社会科学领域的大型综合性出版社在许多学科中都发挥着较大的专业学术影响力,在体育学学科领域也不例外;中国人民大学出版社、北京大学出版社与清华大学出版社等高校出版社在体育学研究领域产生的学术影响,在一定程度上反映出这些学校比较重视体育学的教学与科研。值得注意的是,在体育学学科高被引出版社中,出现了大量的教育学出版社与师范类高校出版社,这或许可以从侧面反映出体育学与教育学在教学和科研方面存在着相关性。

19. 语言学学科

按照 h 指数算法,语言学领域的学科高被引出版社共有 114 家被选出。将这些出版社按学科被引频次指标排序,列表展示其各指标数值,如表 4-21 所示。

表 4-21 语言学学科高被引出版社的指标数值(2007~2011 年)

排序	出版社	学科被引频次/次	高被引图书数/种	册均被引频次/次
1	商务印书馆	14 506	98	4.77
2	上海外语教育出版社	8 264	93	3.90
3	中华书局	7 645	78	4.17
4	北京大学出版社	5 333	53	0.66
5	外语教学与研究出版社	3 843	38	0.76
6	中国社会科学出版社	2 633	18	0.67
7	上海教育出版社	2 592	23	0.98
8	北京语言大学出版社	2 394	15	1.72
9	上海古籍出版社	2 271	14	1.54
10	语文出版社	2 144	25	4.11
11	中国对外翻译出版有限公司	1 942	34	—
12	民族出版社	1 567	7	0.42
13	生活·读书·新知三联书店	1 329	13	—
14	湖南教育出版社	1 191	14	0.35

续表

排序	出版社	学科被引频次/次	高被引图书数/种	册均被引频次/次
15	上海译文出版社	1 129	12	0.79
16	湖北教育出版社	1 022	12	0.47
17	上海辞书出版社	1 010	5	0.76
18	华东师范大学出版社	1 008	10	0.24
19	江苏教育出版社	897	1	0.11
20	人民文学出版社	896	4	0.42
21	学林出版社	885	12	0.89
22	上海人民出版社	868	4	0.24
23	人民出版社	865	5	0.19
24	复旦大学出版社	838	6	0.27
25	中央民族大学出版社	806	3	1.05
26	清华大学出版社	791	9	0.06
27	科学出版社	750	7	—
28	山东教育出版社	680	3	0.73
29	中国人民大学出版社	641	4	0.09
30	江西教育出版社	616	8	0.37
31	安徽教育出版社	547	5	0.55
32	巴蜀书社	511	1	—
33	人民教育出版社	506	3	0.18
34	汉语大词典出版社	477	2	—
35	北京师范大学出版社	453	3	0.10
36	社会科学文献出版社	447	2	0.13
37	岳麓书社	429	4	0.59
38	齐鲁书社	409	1	0.53
39	新疆人民出版社	398	0	—
40	华中师范大学出版社	393	2	0.23
41	南京大学出版社	384	4	0.20
42	江苏凤凰出版社有限公司	376	3	—
43	南开大学出版社	371	3	0.29
44	文物出版社	353	3	0.29
45	河北教育出版社	351	2	0.73
46	东北师范大学出版社	349	3	0.24

续表

排序	出版社	学科被引频次/次	高被引图书数/种	册均被引频次/次
47	四川民族出版社	347	2	—
48	教育科学出版社	335	1	0.15
49	北京出版社	330	4	0.17
50	译林出版社	323	2	—
51	福建人民出版社	317	3	0.32
52	暨南大学出版社	314	1	—
53	四川人民出版社	311	0	—
54	黑龙江人民出版社	301	1	0.21
55	上海书店出版社	289	0	0.32
56	浙江教育出版社	285	2	—
57	湖南人民出版社	284	0	—
58	武汉大学出版社	278	0	0.08
58	重庆出版社	278	5	—
60	广西师范大学出版社	270	0	—
61	广东人民出版社	246	1	0.14
61	青岛出版社	246	3	0.07
63	湖南师范大学出版社	239	3	0.28
63	外文出版社	239	1	0.08
63	华夏出版社	239	1	0.11
66	中国大百科全书出版社	232	0	0.11
67	辽宁教育出版社	231	1	0.19
68	上海交通大学出版社	227	3	0.07
69	广东教育出版社	226	2	—
70	厦门大学出版社	223	2	0.20
71	河南大学出版社	215	2	0.23
71	内蒙古人民出版社	215	2	—
73	陕西人民出版社	214	1	—
74	广西教育出版社	213	0	—
75	中央编译出版社	211	1	—
75	吉林人民出版社	211	1	0.12
77	云南人民出版社	209	0	—
78	天津人民出版社	196	1	0.13

续表

排序	出版社	学科被引频次/次	高被引图书数/种	册均被引频次/次
79	中国书店出版社	196	3	0.29
80	浙江大学出版社	190	1	0.04
81	华中科技大学出版社	183	2	0.05
81	吉林教育出版社	183	1	0.18
83	四川辞书出版社	181	0	—
84	中山大学出版社	180	1	—
85	辽宁人民出版社	178	1	0.17
86	上海文艺出版社	170	0	—
86	江苏人民出版社	170	0	0.05
88	新华出版社	166	1	0.09
88	吉林文史出版社	166	1	0.16
90	湖北人民出版社	163	0	0.09
91	山东人民出版社	162	1	0.10
92	东方出版社	159	0	—
92	新疆大学出版社	159	0	—
94	中国传媒大学出版社	148	0	—
95	安徽大学出版社	146	1	0.23
96	大象出版社	143	0	0.09
97	四川大学出版社	139	0	—
98	河南人民出版社	137	0	0.11
98	中国青年出版总社	137	1	0.05
100	贵州民族出版社	136	0	—
100	世界图书出版公司	136	0	—
100	云南民族出版社	136	1	—
103	贵州人民出版社	134	0	—
104	学苑出版社	133	0	—
105	书海出版社	129	1	1.65
106	浙江古籍出版社	125	2	—
107	陕西师范大学出版社	124	0	—
107	广西民族出版社	124	0	—
109	浙江人民出版社	123	0	—
110	中州古籍出版社	119	0	0.13

续表

排序	出版社	学科被引频次/次	高被引图书数/种	册均被引频次/次
111	天津古籍出版社	118	0	0.22
112	山西人民出版社	116	1	0.07
113	广东高等教育出版社	115	0	0.17
113	广西人民出版社	115	0	—

注：表中部分出版社因出版册数数据缺失，"册均被引频次"指标以"—"表示。

从表4-21可以看出，商务印书馆和中华书局作为社会科学领域综合性出版社的龙头出版社，在语言学高被引出版社的各项专业性指标中表现突出，分别位居第一名和第三名。在语言学专业性出版社中，上海外语教育出版社对该专业的知识交流与学术传播发挥了重要作用，其学科被引频次和高被引图书数的指标数值仅次于商务印书馆，册均被引频次的指标数值略逊于中华书局；外语教学与研究出版社、北京语言大学出版社和语文出版社等专业性出版社的各项指标也位居前列，在语言学领域的知识生产与传播中发挥了应有的学科核心出版社的功能。除此之外，北京大学出版社、中国社会科学出版社和上海教育出版社，分别代表大学出版社、综合性出版社与专业性出版社，作为语言学的高被引出版社名列前十位，值得重视。

20. 文学学科

按照h指数算法，文学领域的学科高被引出版社共有166家被选出。将这些出版社按学科被引频次指标排序，列表展示其各指标数值，如表4-22所示。

表4-22 文学学科高被引出版社的指标数值（2007～2011年）

排序	出版社	学科被引频次/次	高被引图书数/种	册均被引频次/次
1	中华书局	43 106	346	23.49
2	人民文学出版社	23 711	205	11.19
3	上海古籍出版社	23 665	224	16.15
4	北京大学出版社	13 369	130	1.65
5	生活·读书·新知三联书店	12 290	122	—
6	商务印书馆	10 205	75	3.35
7	中国社会科学出版社	8 020	74	2.05
8	人民出版社	5 477	37	1.18
9	上海译文出版社	4 491	37	3.13
10	上海人民出版社	4 230	40	1.15

续表

排序	出版社	学科被引频次/次	高被引图书数/种	册均被引频次/次
11	上海文艺出版社	4 146	32	—
12	河北教育出版社	3 168	36	6.63
13	齐鲁书社	2 962	23	3.85
14	广西师范大学出版社	2 755	19	—
15	上海书店出版社	2 717	16	3.02
16	江苏凤凰出版社有限公司	2 679	20	—
17	复旦大学出版社	2 472	15	0.80
18	中国人民大学出版社	2 329	18	0.31
19	岳麓书社	2 244	16	3.11
20	华东师范大学出版社	2 101	17	0.49
21	作家出版社	2 064	12	1.14
22	中国戏剧出版社	1 969	7	2.94
23	译林出版社	1 967	18	—
24	社会科学文献出版社	1 649	10	0.48
25	江苏人民出版社	1 625	15	0.48
26	安徽教育出版社	1 623	11	1.62
27	文化艺术出版社	1 603	12	1.02
28	北京出版社	1 572	7	0.82
29	花城出版社	1 465	1	—
30	学林出版社	1 404	12	1.41
31	浙江古籍出版社	1 392	12	—
32	四川人民出版社	1 376	7	—
33	上海外语教育出版社	1 363	11	0.64
34	辽宁教育出版社	1 345	9	1.08
35	东方出版社	1 341	11	—
36	中央编译出版社	1 302	12	—
37	南京大学出版社	1 283	11	0.68
38	江苏教育出版社	1 272	10	0.15
39	中国文联出版社	1 250	7	0.74
40	巴蜀书社	1 248	7	—
41	天津人民出版社	1 148	3	0.74
42	安徽文艺出版社	1 100	10	1.51

续表

排序	出版社	学科被引频次/次	高被引图书数/种	册均被引频次/次
43	浙江文艺出版社	1 097	9	—
44	北京师范大学出版社	1 094	6	0.24
45	湖南人民出版社	1 091	1	—
46	华夏出版社	1 063	2	0.49
47	春风文艺出版社	1 040	3	1.23
48	重庆出版社	1 032	3	—
49	湖南文艺出版社	1 019	6	0.87
50	漓江出版社	1 010	3	—
51	南开大学出版社	918	5	0.73
52	云南人民出版社	891	4	—
53	外语教学与研究出版社	889	6	0.18
54	吉林人民出版社	885	6	0.51
55	湖北人民出版社	847	4	0.46
56	山东教育出版社	845	10	0.91
57	江苏文艺出版社	844	5	0.35
58	上海教育出版社	818	7	0.31
58	北京十月文艺出版社	818	3	2.86
60	中国书店出版社	810	7	1.20
61	陕西人民出版社	797	5	—
62	中州古籍出版社	795	2	0.90
63	北岳文艺出版社	779	3	1.27
64	长江文艺出版社	773	1	0.57
65	贵州人民出版社	743	3	—
66	东方出版中心	702	3	0.86
67	山东文艺出版社	697	3	1.01
68	河北人民出版社	696	7	0.78
69	黄山书社	689	4	0.45
70	浙江人民出版社	687	2	—
71	百花洲文艺出版社	667	4	1.27
72	中国青年出版总社	639	3	0.25
73	河南大学出版社	636	5	0.67
74	江西人民出版社	635	4	0.54

续表

排序	出版社	学科被引频次/次	高被引图书数/种	册均被引频次/次
75	时代文艺出版社	634	3	0.48
76	上海社会科学院出版社	630	4	0.70
77	福建人民出版社	620	3	0.63
78	华中师范大学出版社	613	7	0.37
79	辽宁人民出版社	602	3	0.57
80	陕西师范大学出版社	595	2	—
81	上海辞书出版社	594	1	0.44
82	学苑出版社	578	1	—
83	湖北教育出版社	564	1	0.26
84	黑龙江人民出版社	553	0	0.38
85	四川文艺出版社	536	2	—
86	武汉大学出版社	521	3	0.15
87	吉林文史出版社	519	0	0.26
88	文物出版社	518	5	0.42
89	中国广播影视出版社	513	2	0.52
90	上海古籍出版社	498	2	—
91	民族出版社	484	0	0.13
92	国家图书馆出版社	480	0	—
93	清华大学出版社	479	3	0.04
94	国际文化出版公司	462	3	0.81
95	广东人民出版社	459	0	0.26
96	河南人民出版社	455	3	0.35
97	山东人民出版社	439	2	0.27
98	中国工人出版社	430	3	0.39
99	北京燕山出版社	427	2	—
100	上海远东出版社	416	2	0.25
101	四川大学出版社	413	2	—
102	新疆人民出版社	405	3	—
103	新华出版社	401	2	0.22
104	湖南教育出版社	392	1	0.11
105	海南出版社	389	2	—
106	大象出版社	387	0	0.25

续表

排序	出版社	学科被引频次/次	高被引图书数/种	册均被引频次/次
107	中国文史出版社	383	1	0.36
108	光明日报出版社	379	1	0.18
109	浙江大学出版社	378	2	0.09
110	天津古籍出版社	372	1	0.69
111	宁夏人民出版社	364	1	—
112	陕西人民教育出版社	363	2	—
113	山东大学出版社	362	1	0.34
114	新星出版社	358	1	—
115	珠海出版社	357	8	—
116	山东画报出版社	350	1	0.67
117	山西人民出版社	349	1	0.23
118	广西人民出版社	345	2	—
119	内蒙古人民出版社	337	1	—
120	花山文艺出版社	335	5	0.25
121	海峡文艺出版社	330	1	0.68
122	北京人民出版社	324	3	—
123	三秦出版社	320	1	—
124	中国书籍出版社	311	1	0.39
125	中国对外翻译出版有限公司	291	0	—
126	中国大百科全书出版社	290	2	0.14
127	文津出版社	287	0	11.04
128	山西教育出版社	285	3	0.18
129	浙江教育出版社	280	1	—
130	安徽大学出版社	273	1	0.43
131	中央民族大学出版社	269	0	0.35
132	天津社会科学院出版社	266	5	0.66
132	文汇出版社	266	0	0.28
134	中国电影出版社	262	2	0.45
135	中山大学出版社	258	1	—
136	中国友谊出版公司	255	2	0.44
137	河北大学出版社	254	1	0.39
138	福建教育出版社	245	1	0.10

续表

排序	出版社	学科被引频次/次	高被引图书数/种	册均被引频次/次
139	科学出版社	245	1	—
140	华艺出版社	241	2	0.96
141	新世界出版社	238	2	0.08
142	甘肃人民出版社	236	0	—
143	中国华侨出版社	235	0	—
144	三晋出版社	234	2	—
144	北方文艺出版社	234	2	0.48
146	中央文献出版社	232	2	0.24
146	东北师范大学出版社	232	1	0.16
148	辽宁大学出版社	230	1	0.20
149	青海人民出版社	229	0	—
150	吉林大学出版社	225	1	0.06
151	中国文学出版社	215	3	—
152	南海出版公司	214	0	—
153	人民美术出版社	206	3	0.10
154	团结出版社	204	0	—
155	哈尔滨出版社	200	2	0.11
156	黑龙江教育出版社	198	0	0.18
156	上海文化出版社	198	1	0.41
158	九州出版社	192	0	—
159	汉语大词典出版社	187	0	—
160	首都师范大学出版社	185	0	0.15
161	广西教育出版社	184	1	—
162	四川民族出版社	179	0	—
163	厦门大学出版社	178	1	0.16
163	苏州大学出版社	178	2	0.18
165	广东高等教育出版社	167	0	0.24
166	中国传媒大学出版社	165	0	—

注：表中部分出版社因出版册数数据缺失，"册均被引频次"指标以"—"表示。

从表4-22可以看出，文学高被引出版社的学科被引频次指标的前三名分别为中华书局、人民文学出版社和上海古籍出版社。中华书局在文学学科中的各项专业性指标数值都遥遥领先，表现出强劲的学术影响力；人民文学出版社作为文学学科的专业性出版社表现优异,学科被引频次指标略逊于中华书局,位居第二,在文学领域发挥着重要的专业知识传播与交流职能;上海古籍出版社的前身为古典文学出版社,1958年改组为中华书局上海编辑所,1978年易称今名,历史传统使其显示出较强的文学专业出版社的特性,学科被引频次指标略逊于人民文学出版社,位居第三,册均被引频次指标和高被引图书数指标则仅次于中华书局,位居第二。此外,北京大学出版社、生活·读书·新知三联书店、商务印书馆及中国社会科学出版社等大型综合性出版社的各项指标也都位居前列,在文学领域显示出较强的学术影响力;上海译文出版社、上海文艺出版社及作家出版社等文学高被引出版社的各项专业性指标数值较前者稍显逊色,作为该专业的出版社尚有较大的发展空间。

21. 艺术学学科

按照 h 指数算法,艺术学领域的学科高被引出版社共有107家被选出。将这些出版社按学科被引频次指标排序,列表展示其各指标数值,如表4-23所示。

表4-23 艺术学学科高被引出版社的指标数值(2007~2011年)

排序	出版社	学科被引频次/次	高被引图书数/种	册均被引频次/次
1	中华书局	4199	76	2.29
2	人民音乐出版社	4053	69	3.82
3	商务印书馆	2559	35	0.84
4	中国电影出版社	2149	34	3.71
5	北京大学出版社	2082	38	0.26
6	生活·读书·新知三联书店	1989	24	—
7	上海音乐出版社	1787	43	2.19
8	上海古籍出版社	1773	22	1.21
9	中国戏剧出版社	1369	12	2.05
10	中国社会科学出版社	1359	24	0.35
11	上海人民出版社	1281	17	0.35
12	人民出版社	1238	16	0.27
13	文化艺术出版社	1227	18	0.78
14	人民文学出版社	1154	20	0.54
15	中国人民大学出版社	1030	12	0.14
16	广西师范大学出版社	926	12	—
17	上海书画出版社	904	3	1.08

续表

排序	出版社	学科被引频次/次	高被引图书数/种	册均被引频次/次
18	上海文艺出版社	862	10	—
19	上海音乐学院出版社	810	16	2.11
20	人民美术出版社	788	8	0.38
21	上海译文出版社	653	9	0.45
22	中国文联出版社	600	9	0.35
23	文物出版社	590	6	0.48
24	上海人民美术出版社	538	5	0.22
25	湖南美术出版社	535	4	0.26
26	中央音乐学院出版社	513	9	—
27	中国传媒大学出版社	510	3	—
28	中国广播影视出版社	495	9	0.50
29	江苏美术出版社	445	5	0.26
30	南京大学出版社	416	7	0.22
31	江苏人民出版社	398	8	0.12
32	四川人民出版社	397	7	—
32	湖南文艺出版社	397	7	0.34
34	社会科学文献出版社	394	—	0.11
35	上海书店出版社	390	2	0.43
35	中国大百科全书出版社	390	1	0.19
37	复旦大学出版社	379	2	0.12
38	华夏出版社	367	5	0.17
39	江苏教育出版社	366	6	0.04
40	中央编译出版社	340	8	—
41	民族出版社	331	1	0.09
42	贵州人民出版社	330	1	—
43	华东师范大学出版社	322	1	0.08
44	学林出版社	318	3	0.32
45	上海教育出版社	314	4	0.12
46	上海辞书出版社	301	0	0.23
47	河北教育出版社	294	3	0.62
48	中央民族大学出版社	291	5	0.38
49	中国青年出版总社	273	6	0.11

第四章 出版社学术影响力实证分析(2007~2011年)

续表

排序	出版社	学科被引频次/次	高被引图书数/种	册均被引频次/次
50	岳麓书社	264	1	0.37
51	中国美术学院出版社	250	2	0.49
52	北京师范大学出版社	247	3	0.05
53	清华大学出版社	244	1	0.02
54	安徽教育出版社	239	3	0.24
55	译林出版社	225	6	—
56	安徽文艺出版社	224	6	0.31
57	重庆出版社	218	1	—
58	东方出版社	216	1	—
59	新华出版社	212	2	0.11
60	江苏凤凰出版社有限公司	190	0	—
61	齐鲁书社	188	1	0.24
61	山东文艺出版社	188	5	0.27
63	浙江人民出版社	186	1	—
64	云南人民出版社	183	1	—
64	中国建筑工业出版社	183	1	0.04
66	辽宁教育出版社	179	1	0.14
67	春风文艺出版社	178	1	0.21
68	山东教育出版社	177	2	0.19
69	陕西师范大学出版社	175	3	—
70	北京出版社	174	0	0.09
70	天津人民美术出版社	174	3	0.17
72	科学出版社	165	1	—
72	巴蜀书社	165	2	—
72	辽宁人民出版社	165	4	0.16
75	山东画报出版社	160	0	0.31
76	吉林人民出版社	158	1	0.09
77	西南师范大学出版社	157	2	—
78	贵州民族出版社	151	1	—
79	福建教育出版社	148	5	0.06
80	湖南教育出版社	147	3	0.04
80	天津社会科学院出版社	147	3	0.36

续表

排序	出版社	学科被引频次/次	高被引图书数/种	册均被引频次/次
82	青海人民出版社	146	1	—
83	黑龙江人民出版社	145	0	0.10
83	世界图书出版公司	145	2	—
85	人民教育出版社	141	0	0.05
85	中国书店出版社	141	1	0.21
87	浙江古籍出版社	137	1	—
87	大象出版社	137	0	0.09
89	上海社会科学院出版社	136	1	0.15
89	陕西人民美术出版社	136	1	—
91	湖南人民出版社	135	0	—
92	陕西人民出版社	133	0	—
93	福建人民出版社	128	2	0.13
94	作家出版社	127	0	0.07
95	广东人民出版社	125	0	0.07
96	光明日报出版社	124	1	0.06
97	内蒙古人民出版社	123	1	—
98	新疆人民出版社	122	0	—
99	广西人民出版社	120	1	—
100	山东人民出版社	119	2	0.07
101	湖南科学技术出版社	117	3	0.07
102	湖北人民出版社	115	0	0.06
103	教育科学出版社	113	0	0.05
104	河南人民出版社	112	0	0.09
105	宗教文化出版社	111	1	—
106	学苑出版社	110	1	—
107	天津人民出版社	108	0	0.07

注：表中部分出版社因出版册数数据缺失，"册均被引频次"指标以"—"表示。

从表4-23可以看出，中华书局在艺术学学科被引频次指标中名列前茅，而且一批知名的艺术学领域的专业性出版社在学科高被引出版社中脱颖而出，如人民音乐出版社、中国电影出版社与上海音乐出版社等。尽管这些出版社中有的学科被引频次与中华书局、商务印书馆和北京大学出版社等大型综合性出版社相比显得略低一些，但其学科册均被引频次和高被引图书数均较高。由此可见，如果说综合性出版社对艺术学产生的学术影响力从被引频次方面来说占优势,那么,专业性出版社则从艺术学专业层面显示出了独特的出版质量和专业优势。

22. 历史学学科

按照 h 指数算法,历史学领域的学科高被引出版社共有 153 家被选出。将这些出版社按学科被引频次指标排序,列表展示其各指标数值,如表 4-24 所示。

表 4-24　历史学学科高被引出版社的指标数值(2007～2011 年)

排序	出版社	学科被引频次/次	高被引图书数/种	册均被引频次/次
1	中华书局	51 096	460	27.85
2	商务印书馆	12 058	129	3.96
3	上海古籍出版社	11 894	135	8.07
4	人民出版社	10 681	86	2.30
5	上海人民出版社	7 223	74	1.96
6	生活·读书·新知三联书店	6 668	82	—
7	中国社会科学出版社	5 992	59	1.53
8	北京大学出版社	3 783	40	0.47
9	上海书店出版社	2 891	33	3.22
10	社会科学文献出版社	2 538	17	0.73
11	岳麓书社	2 220	28	3.07
12	文物出版社	2 202	21	1.81
13	江苏凤凰出版社有限公司	2 199	17	—
14	江苏人民出版社	1 733	32	0.51
14	中国人民大学出版社	1 733	11	0.23
16	广西师范大学出版社	1 728	14	—
17	齐鲁书社	1 493	5	1.94
18	中央文献出版社	1 486	8	1.52
19	科学出版社	1 435	8	—
20	四川人民出版社	1 321	4	—
21	世界知识出版社	1 295	7	1.15
22	民族出版社	1 230	7	0.33
23	复旦大学出版社	1 202	14	0.39
24	人民文学出版社	1 152	6	0.54
25	华东师范大学出版社	1 121	13	0.26
26	河北教育出版社	1 099	14	2.30

续表

排序	出版社	学科被引频次/次	高被引图书数/种	册均被引频次/次
27	浙江人民出版社	1 088	7	—
28	上海社会科学院出版社	1 079	12	1.20
29	黑龙江人民出版社	1 035	7	0.71
30	黄山书社	1 027	10	0.67
31	北京出版社	1 000	5	0.52
32	天津人民出版社	984	10	0.63
33	巴蜀书社	974	8	—
34	浙江古籍出版社	947	11	—
35	中国文史出版社	919	1	0.87
36	天津古籍出版社	911	5	1.70
37	湖南人民出版社	909	5	—
38	东方出版社	899	6	—
39	中共中央党校出版社	897	2	0.99
40	中州古籍出版社	873	11	0.99
41	上海译文出版社	867	7	0.60
42	河北人民出版社	863	11	0.97
43	新华出版社	852	10	0.46
44	广东人民出版社	838	2	0.48
45	福建人民出版社	830	4	0.85
46	吉林文史出版社	823	4	0.81
47	中国藏学出版社	799	5	2.18
48	陕西人民出版社	779	2	—
49	三秦出版社	772	2	—
50	湖北人民出版社	752	2	0.41
51	辽宁教育出版社	750	5	0.60
52	甘肃人民出版社	726	4	—
53	云南人民出版社	723	4	—
54	新疆人民出版社	720	2	—
55	北京人民出版社	707	14	—
56	南京大学出版社	694	2	0.37
57	贵州人民出版社	685	2	—
57	中国书店出版社	685	11	1.02

续表

排序	出版社	学科被引频次/次	高被引图书数/种	册均被引频次/次
59	武汉大学出版社	671	4	0.20
60	内蒙古人民出版社	659	6	—
61	山东人民出版社	657	4	0.40
62	西藏人民出版社	649	5	—
63	国家图书馆出版社	647	2	—
64	中国大百科全书出版社	646	2	0.25
65	华夏出版社	643	6	0.29
66	中国档案出版社	610	0	—
67	上海辞书出版社	603	0	0.45
68	宁夏人民出版社	599	4	—
69	北京师范大学出版社	591	7	0.13
70	吉林人民出版社	588	1	0.34
71	学林出版社	580	4	0.58
72	河南人民出版社	572	3	0.44
73	中共党史出版社	561	4	0.33
74	辽宁人民出版社	555	2	0.52
75	中央编译出版社	544	5	—
76	安徽教育出版社	542	3	0.54
77	山西人民出版社	537	4	0.35
78	青海人民出版社	533	6	—
79	法律出版社	532	3	0.09
80	重庆出版社	528	0	—
81	广西人民出版社	512	1	—
82	四川大学出版社	469	2	—
83	湖南教育出版社	462	9	0.14
84	江西人民出版社	458	1	0.39
85	中国青年出版总社	456	2	0.18
86	华中师范大学出版社	446	5	0.27
87	文史资料出版社	439	3	—
88	上海文艺出版社	430	1	—
89	中央民族大学出版社	413	1	0.54
90	中国政法大学出版社	409	2	0.37

续表

排序	出版社	学科被引频次/次	高被引图书数/种	册均被引频次/次
91	海南出版社	395	4	—
91	安徽人民出版社	395	4	0.41
93	南开大学出版社	393	2	0.31
94	四川民族出版社	370	1	—
95	山东大学出版社	367	3	0.34
95	大象出版社	367	1	0.21
97	人民教育出版社	366	0	0.13
98	学苑出版社	361	1	—
99	中国农业出版社	359	3	0.07
100	上海教育出版社	358	2	0.13
101	光明日报出版社	357	0	0.17
102	清华大学出版社	355	5	0.03
103	河南大学出版社	341	4	0.36
103	当代中国出版社	341	1	—
105	内蒙古大学出版社	329	2	0.79
106	云南大学出版社	315	3	—
107	中山大学出版社	313	3	—
108	北京燕山出版社	307	2	—
109	中国广播影视出版社	305	1	0.31
110	湖北教育出版社	301	1	0.14
111	译林出版社	299	5	—
111	黑龙江教育出版社	299	1	0.27
113	军事科学出版社	284	1	0.81
114	中国财政经济出版社	279	2	0.08
115	兰州大学出版社	276	1	—
116	上海远东出版社	274	2	0.19
117	云南民族出版社	270	1	—
118	山东教育出版社	263	2	0.28
119	辽宁大学出版社	251	3	0.21
119	武汉出版社	251	2	0.12
121	方志出版社	247	0	—
122	线装书局	239	0	—

续表

排序	出版社	学科被引频次/次	高被引图书数/种	册均被引频次/次
122	厦门大学出版社	239	0	0.21
124	辽宁民族出版社	236	0	0.25
125	安徽大学出版社	232	2	0.37
126	时事出版社	231	1	0.53
127	三晋出版社	228	3	—
128	西北大学出版社	225	2	—
129	江苏教育出版社	221	1	0.03
129	团结出版社	221	2	—
131	文化艺术出版社	218	0	0.14
132	东北师范大学出版社	216	0	0.15
132	文津出版社	216	0	8.31
134	新星出版社	212	0	—
135	上海古籍出版社	209	1	—
136	紫禁城出版社	204	1	0.35
137	云南教育出版社	201	4	—
138	群众出版社	198	1	0.21
139	辽沈书社	197	2	—
140	河北大学出版社	196	1	0.30
141	东方出版中心	191	1	0.23
142	陕西师范大学出版社	190	1	—
143	甘肃文化出版社	188	1	—
144	江西教育出版社	180	1	0.11
145	国际文化出版公司	179	1	0.31
146	广陵书社	176	2	0.31
147	福建教育出版社	174	1	0.07
148	海洋出版社	168	0	0.14
149	广西民族出版社	166	1	—
150	湖南出版社	162	1	—
151	华文出版社	160	0	—
152	吉林大学出版社	159	1	0.04
153	辽海出版社	156	1	0.25

注：表中部分出版社因出版册数数据缺失，"册均被引频次"指标以"—"表示。

从表 4-24 可以看出，对历史学领域具有学术影响力的高被引出版社，大部分是有文史传统的大型综合性出版社，如中华书局、商务印书馆与人民出版社等。中华书局具有出版古籍图书的历史渊源，在人文社会科学领域的多个学科中都是位居翘楚的高被引出版社，而在历史学学科中表现尤其突出，不仅学科被引频次指标，而且册均被引频次指标和高被引图书数指标都显示出绝对优势。在带有"古籍""文物""文史""党史""故宫"等字眼的历史学学科出版社中，上海古籍出版社在历史学领域的学术影响力表现最为突出，册均被引频次指标与高被引图书数指标仅次于中华书局，位居第二，学科被引频次略低于商务印书馆，位居第三。

23. 考古学学科

按照 h 指数算法，考古学领域的学科高被引出版社共有 94 家被选出。将这些出版社按学科被引频次指标排序，列表展示其各指标数值，如表 4-25 所示。

表 4-25　考古学学科高被引出版社的指标数值（2007～2011 年）

排序	出版社	学科被引频次/次	高被引图书数/种	册均被引频次/次
1	中华书局	10 227	109	5.57
2	文物出版社	9 880	132	8.11
3	科学出版社	5 269	64	—
4	上海古籍出版社	2 776	31	1.89
5	中国社会科学出版社	1 231	12	0.31
6	商务印书馆	1 228	9	0.40
7	上海人民出版社	880	10	0.24
8	中国大百科全书出版社	873	5	0.38
9	生活·读书·新知三联书店	872	12	—
10	北京大学出版社	809	5	0.10
11	三秦出版社	609	0	—
12	齐鲁书社	579	2	0.75
13	人民出版社	551	5	0.12
14	紫禁城出版社	542	4	0.94
15	上海书店出版社	512	3	0.57
16	巴蜀书社	491	4	—
17	岳麓书社	457	2	0.63
18	中州古籍出版社	443	5	0.50

续表

排序	出版社	学科被引频次/次	高被引图书数/种	册均被引频次/次
19	社会科学文献出版社	424	4	0.12
20	民族出版社	414	0	0.11
21	甘肃人民出版社	386	2	—
22	大象出版社	371	5	0.23
23	广西师范大学出版社	342	1	—
23	四川人民出版社	342	2	—
25	陕西人民出版社	336	5	—
26	江苏凤凰出版社有限公司	318	3	—
27	新疆人民出版社	301	1	—
28	上海文艺出版社	287	2	—
29	上海辞书出版社	278	0	0.21
30	云南人民出版社	257	1	—
31	上海书画出版社	255	0	0.31
32	中国人民大学出版社	236	1	0.03
32	武汉大学出版社	236	3	0.07
34	四川大学出版社	227	0	—
35	湖北教育出版社	226	2	0.10
36	河北教育出版社	222	3	0.46
37	上海人民美术出版社	218	2	0.09
38	辽宁教育出版社	209	1	0.17
39	人民美术出版社	206	1	0.10
40	山西人民出版社	204	0	0.13
41	天津古籍出版社	202	1	0.38
42	北京燕山出版社	201	1	—
42	甘肃教育出版社	201	3	—
44	贵州人民出版社	194	0	—
45	重庆出版社	193	0	—
46	国家图书馆出版社	190	0	—
47	人民文学出版社	179	2	0.08
48	中国建筑工业出版社	178	1	0.04
49	宁夏人民出版社	176	0	—
49	学苑出版社	176	1	—

续表

排序	出版社	学科被引频次/次	高被引图书数/种	册均被引频次/次
51	山东大学出版社	168	0	0.16
52	浙江人民出版社	163	0	—
52	福建人民出版社	163	1	0.17
54	广东人民出版社	160	0	0.09
55	中央民族大学出版社	159	1	0.21
56	海洋出版社	157	0	0.13
57	湖北人民出版社	155	0	0.08
57	湖北科学技术出版社	155	1	0.14
59	吉林大学出版社	154	1	0.04
60	中国书店出版社	152	1	0.23
61	北京人民出版社	148	2	—
62	甘肃民族出版社	147	0	—
63	云南民族出版社	140	0	—
63	贵州民族出版社	140	0	—
63	陕西人民美术出版社	140	0	—
66	东方出版社	138	0	—
67	复旦大学出版社	132	1	0.04
68	黄山书社	131	0	0.09
69	线装书局	128	3	—
69	华夏出版社	128	1	0.06
69	四川民族出版社	128	0	—
72	青海人民出版社	127	0	—
73	世界图书出版公司	126	1	—
74	华东师范大学出版社	122	2	0.03
75	内蒙古人民出版社	121	0	—
76	黑龙江人民出版社	118	0	0.08
77	浙江古籍出版社	117	1	—
78	北京出版社	116	0	0.06
78	河北人民出版社	116	0	0.13
78	辽宁大学出版社	116	4	0.10
81	学林出版社	115	0	0.12
81	中山大学出版社	115	0	—

续表

排序	出版社	学科被引频次/次	高被引图书数/种	册均被引频次/次
83	天津人民出版社	113	0	0.07
84	河南人民出版社	110	1	0.09
84	吉林文史出版社	110	0	0.11
86	西藏人民出版社	109	0	—
86	甘肃文化出版社	109	1	—
88	江苏人民出版社	108	0	0.03
89	江苏教育出版社	107	1	0.01
90	南开大学出版社	105	1	0.08
91	文化艺术出版社	102	0	0.07
92	上海教育出版社	99	0	0.04
93	江苏美术出版社	98	1	0.06
94	宗教文化出版社	94	0	—

注：表中部分出版社因出版册数数据缺失，"册均被引频次"指标以"—"表示。

从表4-25可以看出，考古学高被引出版社的指标分布情况与历史学具有相似之处，这是因为两个学科同属于史学学科大类。二者最大的不同之处是文物出版社与科学出版社在考古学领域的学术影响力：文物出版社作为史学类专业出版社，册均被引频次指标和高被引图书数指标均位居第一，表现突出，唯有学科被引频次指标数值略低于中华书局，位居第二；科学出版社作为中国科技领域的出版重镇，在考古学学科的学科被引频次指标位居第三，显示出其文理兼收、兼容并蓄的学科布局。

24. 人文地理学学科

按照 h 指数算法，人文地理学领域的学科高被引出版社共有30家被选出。将这些出版社按学科被引频次指标排序，列表展示其各指标数值，如表4-26所示。

表4-26 人文地理学学科高被引出版社的指标数值（2007～2011年）

排序	出版社	学科被引频次/次	高被引图书数/种	册均被引频次/次
1	中华书局	1217	40	0.66
2	商务印书馆	330	8	0.11
3	上海古籍出版社	307	10	0.21

续表

排序	出版社	学科被引频次/次	高被引图书数/种	册均被引频次/次
4	科学出版社	251	3	—
5	上海人民出版社	185	1	0.05
6	文物出版社	120	2	0.10
7	人民出版社	93	4	0.02
8	生活·读书·新知三联书店	92	1	—
9	北京大学出版社	90	1	0.01
10	中国社会科学出版社	89	0	0.02
11	江苏凤凰出版社有限公司	78	1	—
12	三秦出版社	73	1	—
13	上海书店出版社	52	0	0.06
14	巴蜀书社	48	0	—
15	武汉大学出版社	47	1	0.01
16	中国地图出版社	46	0	0.03
17	北京人民出版社	44	0	—
18	社会科学文献出版社	43	1	0.01
19	广东人民出版社	41	0	0.02
20	山西人民出版社	39	1	0.03
21	民族出版社	37	0	0.01
22	齐鲁书社	36	1	0.05
23	复旦大学出版社	35	0	0.01
23	四川人民出版社	35	0	—
25	宁夏人民出版社	33	0	—
26	青海人民出版社	32	0	—
26	中国建筑工业出版社	32	0	0.01
28	福建人民出版社	30	2	0.03
28	陕西人民出版社	30	0	—
28	北京出版社	30	0	0.02

注：表中部分出版社因出版册数数据缺失，"册均被引频次"指标以"—"表示。

从表 4-26 可以看出，人文地理学的高被引出版社总数规模及各专业性指标数值与其他学科相比都要小很多，甚至有些出版社的高被引图书数为 0。与此同时，人文地理学属于文史类交叉性学科，高被引出版社的各指标数值分布情况与其他文史类学科较为类似，尤其前三名出版社与历史学学科完全一致。例如，中华书局在学科被引频次指标、册均被引频次指标和高被引图书数指标中仍然以绝对优势位居第一；商务印书馆作为综合性出版社，在学科被引频次指标中位居第二；上海古籍出版社作为专业性出版社在学科被引频次指标中位居第三，而其册均被引频次和高被引图书数则大于商务印书馆的指标数值。此外，科学出版社作为科技类出版社，在人文地理学学科领域的高被引频次仅次于上海古籍出版社，位居第四，实在难能可贵，值得我们重视。

25. 环境科学学科

按照 h 指数算法，环境科学领域的学科高被引出版社共有 46 家被选出。将这些出版社按学科被引频次指标排序，列表展示其各指标数值，如表 4-27 所示。

表 4-27 环境科学学科高被引出版社的指标数值（2007～2011 年）

排序	出版社	学科被引频次/次	高被引图书数/种	册均被引频次/次
1	人民出版社	1363	16	0.29
2	中国环境出版社	880	13	0.71
3	科学出版社	843	14	—
4	商务印书馆	527	9	0.17
5	中国人民大学出版社	403	7	0.05
6	社会科学文献出版社	363	6	0.10
7	生活·读书·新知三联书店	303	4	—
8	中国统计出版社	299	0	0.23
9	中国社会科学出版社	280	4	0.07
10	吉林人民出版社	270	8	0.16
11	化学工业出版社	250	5	0.02
12	上海人民出版社	246	3	0.07
13	北京大学出版社	235	6	0.03
14	上海译文出版社	229	6	0.16
15	中华书局	212	2	0.12
16	清华大学出版社	193	3	0.02
17	法律出版社	146	2	0.03
18	气象出版社	140	2	0.12
19	经济科学出版社	130	1	0.03
20	南京大学出版社	126	3	0.07
21	山东大学出版社	125	4	0.12

续表

排序	出版社	学科被引频次/次	高被引图书数/种	册均被引频次/次
22	重庆出版社	124	3	—
23	中央编译出版社	121	3	—
24	华夏出版社	119	1	0.05
25	中国农业出版社	106	1	0.02
26	复旦大学出版社	100	2	0.03
26	中国林业出版社	100	0	0.06
28	中央文献出版社	91	1	0.09
29	中国建筑工业出版社	88	0	0.02
30	中国经济出版社	87	1	0.04
31	中国财政经济出版社	86	0	0.02
31	东方出版社	86	5	—
33	中国水利水电出版社	85	0	0.02
34	华东师范大学出版社	66	1	0.02
35	中国政法大学出版社	65	1	0.06
36	民族出版社	62	2	0.02
37	上海古籍出版社	60	1	0.04
37	武汉大学出版社	60	0	0.02
37	海洋出版社	60	0	0.05
40	经济管理出版社	59	2	0.03
41	黄河水利出版社	56	2	0.06
42	上海社会科学院出版社	53	2	0.06
42	浙江人民出版社	53	0	—
44	云南人民出版社	52	0	—
45	新华出版社	51	0	0.03
46	世界知识出版社	48	2	0.04

注：表中部分出版社因出版册数数据缺失，"册均被引频次"指标以"—"表示。

从表 4-27 可以看出，在环境科学领域，出版社的各指标数值综合表现最好的是人民出版社和中国环境出版社，人民出版社的学科被引频次和高被引图书数指标都位居第一，中国环境出版社的册均被引频次指标位居第一。科学出版社的学科被引频次仅次于中国环境出版社，位居第三，且与人民出版社共同作为综合性出版社在环境科学领域发挥着独特的专业影响力，显示出综合性出版社的部分业务重点与专业特色。在专业出版社中,中国环境出版社在册均被引频次指标中位居翘楚,在环境科学领域发挥着龙头出版社的重要作用,其他如气象出版社、中国水利水电出版社及海洋出版社等虽在整体上稍逊于综合性出版社,尚未显示出专业性出版社应有的学术影响力,但它们均为环境科学专业领域内优势明显的高被引出版社。整体而言,在环境科学高被引出版社中,学科被引频次指标数值最高的仍然是综合性出版社,专业性出版社位居第二,但专业性出版社的册均被引频次指标数值最高。这一分布特点反映出其他各学科出版社的共性,也是综合性出版社与专业性出版社的区别所在。

4.4.3 辐射性指标结果

在辐射性指标中,高被引跨学科数超过 2 的出版社都属于辐射性较好的出版社。从一般被引的学科跨度指标来看,跨学科指数指标比跨学科总数指标具有更好的区分度。因此,我们按照出版社的跨学科指数排序之后,取前 100 名进行辐射性各指标数值展示,如表 4-28 所示。

表 4-28　出版社的辐射性指标数值(2007~2011 年)

排序	出版社	跨学科指数	跨学科总数/个	高被引跨学科数/个
1	商务印书馆	0.963 761	25	25
2	中华书局	0.912 976	25	14
3	人民出版社	0.769 387	25	20
4	北京大学出版社	0.766 492	25	22
5	中国人民大学出版社	0.749 359	25	13
6	生活・读书・新知三联书店	0.738 629	25	18
7	中国社会科学出版社	0.711 637	25	18
8	社会科学文献出版社	0.663 744	25	10
9	上海人民出版社	0.645 139	25	13
10	上海古籍出版社	0.544 512	24	9
11	科学出版社	0.513 399	24	8
12	中国统计出版社	0.346 916	25	4
13	清华大学出版社	0.326 227	25	2
14	华夏出版社	0.317 970	25	2
15	广西师范大学出版社	0.295 621	25	0

续表

排序	出版社	跨学科指数	跨学科总数/个	高被引跨学科数/个
16	复旦大学出版社	0.293 131	25	1
17	上海译文出版社	0.283 994	25	3
18	法律出版社	0.276 650	24	1
19	民族出版社	0.270 297	24	1
20	华东师范大学出版社	0.269 839	25	2
21	江苏人民出版社	0.247 563	25	1
22	人民教育出版社	0.233 548	25	3
23	经济科学出版社	0.228 225	25	2
24	新华出版社	0.227 585	25	1
25	武汉大学出版社	0.222 534	25	1
26	四川人民出版社	0.220 895	24	0
27	上海书店出版社	0.219 836	24	1
28	中央编译出版社	0.219 381	25	1
29	浙江人民出版社	0.217 181	24	1
30	人民文学出版社	0.216 097	24	1
31	北京师范大学出版社	0.212 979	24	2
32	云南人民出版社	0.197 423	24	1
33	南京大学出版社	0.197 008	24	0
34	山东人民出版社	0.190 338	25	0
35	文物出版社	0.187 835	22	2
36	吉林人民出版社	0.185 322	24	0
37	机械工业出版社	0.180 780	23	2
38	中国政法大学出版社	0.180 440	23	1
39	东方出版社	0.173 883	23	0
40	岳麓书社	0.171 895	24	0
41	北京出版社	0.171 833	24	0
42	中国经济出版社	0.170 512	25	0
43	中国财政经济出版社	0.169 794	24	2
44	上海教育出版社	0.166 621	24	2
45	贵州人民出版社	0.166 616	25	0
46	国家图书馆出版社	0.163 284	23	2
47	教育科学出版社	0.159 964	25	2

续表

排序	出版社	跨学科指数	跨学科总数/个	高被引跨学科数/个
48	天津人民出版社	0.159 174	24	0
49	重庆出版社	0.156 322	23	0
50	学林出版社	0.153 966	25	0
51	黑龙江人民出版社	0.153 523	24	0
52	中国大百科全书出版社	0.148 913	23	2
53	上海文艺出版社	0.148 403	23	0
54	湖南人民出版社	0.146 046	23	0
55	中央文献出版社	0.144 756	23	3
56	广东人民出版社	0.144 327	25	0
57	陕西人民出版社	0.143 424	23	0
58	江苏凤凰出版社有限公司	0.143 282	24	0
59	上海社会科学院出版社	0.141 696	24	0
60	湖北人民出版社	0.140 042	24	0
61	译林出版社	0.138 336	24	0
62	世界知识出版社	0.136 764	24	0
63	齐鲁书社	0.136 166	23	0
64	河北教育出版社	0.131 527	24	0
65	辽宁人民出版社	0.130 951	23	0
66	辽宁教育出版社	0.129 997	24	0
67	中共中央党校出版社	0.127 457	23	1
68	巴蜀书社	0.125 464	23	0
69	福建人民出版社	0.125 282	24	0
70	浙江大学出版社	0.124 457	25	0
71	中央民族大学出版社	0.123 938	23	1
72	四川大学出版社	0.123 484	21	0
73	广西人民出版社	0.112 014	24	1
74	经济管理出版社	0.110 652	24	0
75	上海辞书出版社	0.109 308	24	0
76	中国青年出版总社	0.109 262	24	0
77	河南人民出版社	0.108 986	24	0
78	新疆人民出版社	0.107 723	23	0
79	江苏教育出版社	0.107 075	23	0

续表

排序	出版社	跨学科指数	跨学科总数/个	高被引跨学科数/个
80	中国法制出版社	0.105 566	24	1
81	南开大学出版社	0.102 260	25	0
82	中国环境出版社	0.102 073	24	0
83	河北人民出版社	0.101 891	24	0
84	云南民族出版社	0.101 377	22	0
85	江西人民出版社	0.100 448	24	0
86	文化艺术出版社	0.100 433	23	0
87	中信出版社	0.098 655	24	0
88	中国建筑工业出版社	0.098 484	22	0
89	青海人民出版社	0.097 814	24	0
90	中国广播影视出版社	0.095 732	22	0
91	上海财经大学出版社	0.095 410	23	0
92	内蒙古人民出版社	0.094 814	25	0
93	宁夏人民出版社	0.094 740	22	0
94	湖南教育出版社	0.094 618	24	0
95	中国农业出版社	0.094 465	23	0
96	中州古籍出版社	0.094 297	23	0
97	中国传媒大学出版社	0.094 280	23	0
98	电子工业出版社	0.093 640	24	0
99	甘肃人民出版社	0.093 597	23	0
100	中山大学出版社	0.092 749	23	0

从表 4-28 可以看出，辐射性指标表现较好的学术出版社，大部分是国内知名的综合性学术出版社，这也验证了 3.4 节所述的研究假设与实证预期。在这些综合性的出版社中，跨学科指数排名前十位的有商务印书馆、中华书局、人民出版社、北京大学出版社、中国人民大学出版社、生活·读书·新知三联书店、中国社会科学出版社、社会科学文献出版社、上海人民出版社、上海古籍出版社。商务印书馆和中华书局的跨学科指数都在 0.9 以上，几乎对 25 个学科都产生了较大的学术影响力；人民出版社、北京大学出版社、中国人民大学出版社、生活·读书·新知三联书店和中国社会科学出版社的跨学科指数都在 0.7 以上，学科辐射性较好。值得注意的是，科学出版社作为国家最大的综合性科

技出版机构，能在人文社会科学施引文献的跨学科指数中位居第十一位，反映出该社在人文社科领域的广泛学术影响力。从跨学科总数指标来看，大部分出版社的施引文献范围横跨了 22~25 个学科，跨学科数基本达到了人文社会科学学科全覆盖。从高被引跨学科数指标来看，共有 15 家出版社的指标数值超过 2，这说明这 15 家出版社在 2 个以上的学科中达到了学科高被引出版社的标准，属于影响力较大的综合性学术出版社。其中，商务印书馆在 25 个学科中的被引量都居于前十位，高被引跨学科数覆盖整个人文社会科学领域，北京大学出版社在 22 个学科中都是高被引出版社，显示出强劲的学科辐射力与综合影响力。

此外，表 4-28 中还有一些出版社的辐射性指标表现较好，且同时具有明显的专业性特点，兼具较强的跨学科性与专业优势，如上海古籍出版社、中国统计出版社与法律出版社等。中国统计出版社是全国统计学领域唯一的专业出版社，法律出版社是中国著名的法律专业出版社，民族出版社是国家民族事务委员会下属的出版民族文字图书的国家出版机构。这些出版社立足本学科，向外辐射跨学科学术影响力，实属难能可贵。其中，中国统计出版社在 4 个学科中都发挥着高被引影响力，跨学科性表现得尤其明显，这也从文献知识转移角度反映出社会科学研究越来越重视统计数据的实证研究，符合大数据研究的发展趋势。

第五章

出版社学术影响力实证分析（2012～2016年）

　　本章从更新的时间跨度和更全的学科覆盖范围揭示我国出版社在文献引文网络中的布局与表现，以2012～2016年的人文社会科学和自然科学整体论文作为施引文献来源，基于中国引文数据库进行实证分析，反映了出版社的整体学术影响力、跨学科辐射影响力与人文社科影响力，并对15个学科的出版社学术影响力做了前后实证结果对比与相关性分析。

5.1 数据来源

为了延续第四章 2007~2011 年的实证，及时跟踪反映 2012~2016 年的数据变化，同时从更广泛的学科领域（包括人文社会科学和自然科学）来观察分析我国出版社的学术影响力，本章实证选取中国引文数据库 2012~2016 年的数据进行检索下载和统计分析。

中国引文数据库是以中国知网收录数据库及部分未收录重要期刊的文后参考文献和文献注释为信息对象建立的、具有特殊检索功能的文献数据库。目前，中国引文数据库已有 1.5 亿多条引文链接数据，并以每年 2000 多万条的速度扩增。中国引文数据库通过揭示各种类型文献之间的相互引证关系，不仅可以为科学研究提供新的交流模式，而且可以作为一种有效的科研管理及统计分析工具。中国引文数据库的主要功能包括引文检索、检索结果分析、作者引证报告、数据导出、数据分析及高被引排序等。该库使用数据分析器进行引文数据分析，数据分析器包括作者分析器、机构分析器、期刊分析器、基金分析器、地域分析器、出版社分析器，本章数据统计的工具主要是出版社分析器。出版社分析器针对每个出版社统计各年的出版情况，揭示出版社的各年被引频次的变化趋势，并计算 h 指数等指标。

5.2 学科分类

本章实证与第四章实证的最大差异在于数据来源及其分类体系的不同。第四章实证的数据来源学科分类是在《中国图书馆分类法》（第五版）分类体系的基础上划分学科类目的，主要针对人文社会科学领域，共划分 25 个一级学科，包括马克思主义、哲学、心理学、宗教学、统计学、社会学、人口学、管理学（含科学学、人才学）、民族学、政治学、法学、军事学、经济学、新闻与传播学、文化学、图书馆·情报与文献学、教育学、体育学、语言学、文学、艺术学、历史学、考古学、人文地理学、环境科学。

本章实证的数据来源是中国知网的引文数据库，该库覆盖了所有的人文社会科学和自然科学。虽然中国引文数据库的学科分类体系基本上是以《中国图书馆分类法》(第五版)为框架的,但分类体系相对细致繁杂,包括一级学科分类和二级学科分类,有些二级学科分类还根据引文数量的大小被进行了拆分与合并。为了更准确深入地反映引文的学科归属,本章研究采取二级分类体系,共划分了 173 个人文社会科学和自然科学的二级学科。

5.3 数据检索与统计

在检索策略方面,为了获取出版社的学术性指标、专业性指标和辐射性指标,本章实证在进行出版社检索时,分别从出版社名称字段、出版时间与被引时间、一级学科与二级学科几个方面进行了检索词限定。

出版社实证样本的选取,延续了第四章实证部分的研究结果,即被人文社会科学论文引用频次较高的前 362 家学术性出版社。将这 362 家出版社逐个输入检索,并按照学术性指标、专业性指标和辐射性指标进一步细化其他检索字段,可以得到前后对应的指标数据。但是,由于中国引文数据库的图书收录数量所限,我们发现有部分出版社的指标数据不全,或者数据异常,经过筛选排除,最后对 350 家出版社进行了统计分析。

在时间检索词限定方面,主要反映 1949 年之后出版的图书在 2012~2016 年的被引情况。因此,出版时间的检索词限定为 1949~2016 年,被引时间的检索词限定为 2012~2016 年。此外,为了衔接和对应第四章实证研究的时间段 2007~2011 年,本章实证的学术性指标的总被引时间选取了 2007~2011 年和 2012~2016 年两个时间段。

5.4 实证结果与对比分析

5.4.1 学术性指标分析

1. 2012~2016 年各指标分析

按照学术性指标的概念定义,我们分别统计出 362 家样本出版社在 2012~

2016 年的总被引频次、出版册数、册均被引频次和 h 指数的各指标数值,并按照总被引频次指标进行排序。在排除异常数据之后,我们得到了 350 家高被引出版社的学术性指标数值,如表 5-1 所示。

表 5-1　高被引出版社的学术性指标数值(2012~2016 年)

排序	出版社	总被引频次/次	出版册数/种	册均被引频次/次	h 指数
1	科学出版社	739 943	16 123	46	570
2	中华书局	608 645	3 422	178	1
3	北京大学出版社	543 364	7 488	73	1
4	人民卫生出版社	536 724	7 600	71	533
5	清华大学出版社	521 724	15 891	33	1
6	商务印书馆	512 329	3 651	140	1
7	机械工业出版社	505 763	17 135	30	1
8	中国人民大学出版社	490 549	7 713	64	1
9	人民出版社	464 981	5 841	80	1
10	法律出版社	420 023	6 714	63	1
11	化学工业出版社	353 155	13 744	26	388
12	中国社会科学出版社	306 360	8 349	37	1
13	电子工业出版社	286 673	14 767	19	366
14	上海人民出版社	269 514	3 414	79	360
15	中国建筑工业出版社	260 461	5 673	46	1
16	社会科学文献出版社	233 774	6 526	36	296
17	上海古籍出版社	202 332	1 958	103	1
18	中国政法大学出版社	194 472	2 674	73	348
19	国防工业出版社	165 257	2 857	58	1
20	生活·读书·新知三联书店	163 619	1 632	100	123
21	人民邮电出版社	160 011	14 662	11	273
22	华东师范大学出版社	158 008	6 240	25	1
23	复旦大学出版社	148 532	3 570	42	1
24	人民教育出版社	144 328	6 125	24	1
25	中国农业出版社	144 215	5 559	26	1
26	教育科学出版社	135 412	4 023	34	1
27	人民文学出版社	132 964	3 105	43	242
28	人民交通出版社	132 581	1 498	89	1
29	华夏出版社	124 426	2 088	60	243

续表

排序	出版社	总被引频次/次	出版册数/种	册均被引频次/次	h 指数
30	北京师范大学出版社	117 959	7 942	15	1
31	中国电力出版社	115 942	6 725	17	1
32	武汉大学出版社	115 635	9 787	12	1
33	上海科学技术出版社	108 981	2 036	54	1
34	上海外语教育出版社	107 334	1 636	66	1
35	经济科学出版社	104 567	5 599	19	1
36	上海译文出版社	94 395	1 517	62	1
37	广西师范大学出版社	94 114	6 631	14	1
38	中国法制出版社	93 402	4 369	21	1
39	上海教育出版社	89 622	2 475	36	1
40	中国水利水电出版社	87 272	5 110	17	1
41	外语教学与研究出版社	87 010	7 496	12	1
42	石油工业出版社	81 892	2 423	34	1
43	中国轻工业出版社	80 294	2 532	32	219
44	浙江大学出版社	79 810	6 344	13	1
45	地质出版社	79 288	2 308	34	1
46	南京大学出版社	69 036	8 628	8	1
47	东南大学出版社	68 882	3 484	20	187
48	中国财政经济出版社	65 828	3 495	19	1
49	中国铁道出版社	65 815	7 979	8	1
50	中国林业出版社	64 618	2 139	30	1
51	中国人民公安大学出版社	62 981	1 890	33	1
52	江苏人民出版社	62 961	12 128	5	1
53	译林出版社	62 540	4 024	16	1
54	中央编译出版社	62 281	1 804	35	1
55	中国经济出版社	60 115	3 154	19	1
56	新华出版社	58 819	2 873	20	1
57	中国环境出版社	51 821	418	124	172
58	中国统计出版社	50 439	1 469	34	1
59	民族出版社	50 416	2 396	21	1
60	人民法院出版社	49 537	1 181	42	1
61	经济管理出版社	49 466	2 646	19	1
62	山东人民出版社	49 433	4 216	12	1

续表

排序	出版社	总被引频次/次	出版册数/种	册均被引频次/次	h 指数
63	上海交通大学出版社	48 917	7 872	6	155
64	江苏教育出版社	48 662	1 885	26	1
65	知识产权出版社	48 647	3 452	14	124
66	中国金融出版社	47 824	2 269	21	1
67	中信出版社	47 275	3 676	13	1
68	北京理工大学出版社	46 472	7 641	6	1
69	气象出版社	45 496	966	47	1
70	学林出版社	45 451	860	53	1
71	四川人民出版社	45 005	1 385	32	1
72	人民体育出版社	44 659	824	54	1
73	文物出版社	43 615	1 339	33	1
74	人民音乐出版社	43 165	934	46	1
75	上海文艺出版社	42 564	1 721	25	1
76	同济大学出版社	41 292	1 782	23	1
77	南开大学出版社	41 188	1 306	32	1
78	浙江人民出版社	41 030	2 380	17	1
79	重庆大学出版社	40 593	3 599	11	1
80	中国大百科全书出版社	39 518	1 294	31	1
81	华中科技大学出版社	39 045	4 287	9	110
82	浙江教育出版社	38 623	3 257	12	1
83	天津人民出版社	38 351	3 611	11	1
84	东方出版社	38 122	4 496	8	1
85	重庆出版社	38 056	6 437	6	1
86	吉林人民出版社	38 043	4 557	8	1
87	中国检察出版社	36 960	1 103	34	1
88	中国青年出版总社	36 485	3 688	10	118
89	中央文献出版社	35 647	1 074	33	1
90	文化艺术出版社	35 633	908	39	1
91	北京出版社	35 504	3 193	11	1
92	西安交通大学出版社	34 994	4 627	8	1
93	上海财经大学出版社	34 940	1 251	28	1
94	科学技术文献出版社	34 661	4 681	7	142
95	中国广播影视出版社	34 626	520	67	126

续表

排序	出版社	总被引频次/次	出版册数/种	册均被引频次/次	h 指数
96	中共中央党校出版社	34 585	1 227	28	1
97	中国纺织出版社	33 837	4 525	7	1
98	湖南人民出版社	33 748	3 358	10	1
99	中国传媒大学出版社	33 583	1 327	25	112
100	岳麓书社	33 527	863	39	1
101	上海音乐出版社	33 518	1 207	28	119
102	天津大学出版社	32 961	1 307	25	1
103	华中师范大学出版社	32 415	2 112	15	133
104	厦门大学出版社	32 248	2 130	15	121
105	山东教育出版社	32 124	1 979	16	151
106	东北财经大学出版社	31 844	1 792	18	148
107	上海社会科学院出版社	31 759	1 556	20	1
108	安徽教育出版社	31 089	1 667	19	1
109	河北教育出版社	29 849	4 933	6	1
110	北京体育大学出版社	29 493	1 488	20	1
111	海洋出版社	29 321	1 360	22	1
112	世界知识出版社	29 019	1 244	23	1
113	云南人民出版社	28 330	6 450	4	1
114	黑龙江人民出版社	27 758	1 555	18	1
115	上海辞书出版社	27 713	1 188	23	1
116	湖南科学技术出版社	27 634	2 008	14	1
117	齐鲁书社	27 303	753	36	1
118	四川大学出版社	27 017	4 156	7	107
119	湖南教育出版社	26 809	4 843	6	1
120	中国劳动社会保障出版社	26 211	2 920	9	105
121	山东大学出版社	25 836	1 039	25	108
122	中国社会出版社	25 809	1 751	15	96
123	中山大学出版社	25 445	1 664	15	114
124	广东人民出版社	25 226	3 753	7	1
125	中国电影出版社	25 088	1 433	18	102
126	福建人民出版社	24 890	686	36	1
127	中央民族大学出版社	24 659	1 011	24	1
128	上海书店出版社	24 640	784	31	1

续表

排序	出版社	总被引频次/次	出版册数/种	册均被引频次/次	h 指数
129	湖北教育出版社	24 580	3 655	7	123
130	中国科学技术大学出版社	24 539	1 063	23	1
131	陕西人民出版社	24 160	1 871	13	1
132	贵州人民出版社	24 142	3 987	6	1
133	百花文艺出版社	23 849	1 018	23	102
134	人民美术出版社	23 698	1 756	13	1
135	中国科学技术出版社	23 651	1 378	17	1
136	学苑出版社	23 298	1 117	21	101
137	巴蜀书社	23 095	716	32	1
138	光明日报出版社	22 829	10 539	2	88
139	江西人民出版社	22 642	3 795	6	1
140	中国方正出版社	22 614	599	38	125
141	辽宁人民出版社	22 372	1 503	15	1
142	福建教育出版社	21 548	1 829	12	1
143	作家出版社	20 908	2 994	7	90
144	湖北人民出版社	20 498	1 876	11	1
145	河南大学出版社	20 326	1 803	11	99
146	河南人民出版社	20 199	3 077	7	1
147	首都师范大学出版社	19 954	2 486	8	1
148	南京师范大学出版社	19 820	2 290	9	1
149	上海人民美术出版社	19 489	2 098	9	1
150	辽宁教育出版社	19 211	1 846	10	1
151	西南师范大学出版社	19 078	2 504	8	1
152	群众出版社	19 060	633	30	105
153	中南大学出版社	18 904	2 014	9	1
154	暨南大学出版社	18 853	1 854	10	1
155	中国戏剧出版社	18 793	2 168	9	1
156	吉林大学出版社	18 792	9 705	2	96
157	辽宁科学技术出版社	18 789	2 567	7	1
158	东北师范大学出版社	18 696	4 944	4	1
159	大连理工大学出版社	18 668	3 743	5	1
160	海南出版社	18 571	3 336	6	80
161	华南理工大学出版社	18 446	1 413	13	1

续表

排序	出版社	总被引频次/次	出版册数/种	册均被引频次/次	h 指数
162	天津科学技术出版社	18 320	4 925	4	1
163	广东高等教育出版社	17 969	1 483	12	1
164	中国发展出版社	17 882	918	19	1
165	云南大学出版社	17 131	1 870	9	81
166	陕西师范大学出版社	17 081	—	—	88
167	上海科学技术文献出版社	16 736	1 845	9	1
168	河北人民出版社	16 718	4 750	4	1
169	语文出版社	16 435	1 141	14	94
170	湖南大学出版社	16 154	1 102	15	1
171	江苏美术出版社	16 095	3 014	5	1
172	中州古籍出版社	16 020	2 875	6	90
173	对外经济贸易大学出版社	15 973	1 237	13	1
174	广西教育出版社	15 591	550	28	1
175	山西人民出版社	15 562	2 217	7	83
176	西南财经大学出版社	15 307	2 088	7	1
177	华东理工大学出版社	15 239	1 485	10	1
178	新疆人民出版社	14 929	4 503	3	82
179	上海远东出版社	14 642	712	21	1
180	四川教育出版社	14 465	534	27	1
181	九州出版社	14 364	4 071	4	1
182	湖南文艺出版社	14 260	2 441	6	1
183	广东教育出版社	14 235	2 936	5	1
184	广西人民出版社	14 220	2 248	6	84
185	宁夏人民出版社	14 030	1 612	9	79
186	上海科技教育出版社	13 917	967	14	1
187	中国农业科学技术出版社	13 909	1 973	7	1
188	湖南师范大学出版社	13 771	1 931	7	1
189	时事出版社	13 755	536	26	96
190	企业管理出版社	13 715	1 269	11	1
191	中国旅游出版社	13 278	1 326	10	1
192	中国友谊出版公司	13 273	814	16	1
193	中国计划出版社	13 262	786	17	1
194	上海书画出版社	13 235	932	14	1

续表

排序	出版社	总被引频次/次	出版册数/种	册均被引频次/次	h 指数
195	安徽人民出版社	13 218	4 640	3	1
196	广东经济出版社	13 077	3 773	3	1
197	首都经济贸易大学出版社	13 053	620	21	92
198	山西教育出版社	13 025	3 480	4	1
199	浙江古籍出版社	12 879	1 016	13	79
200	国际文化出版公司	12 758	553	23	83
201	中共党史出版社	12 629	2 207	6	67
202	北京语言大学出版社	12 563	1 411	9	58
203	内蒙古人民出版社	12 484	2 982	4	74
204	中国文史出版社	12 343	5 995	2	64
205	湖北科学技术出版社	12 311	4 013	3	1
206	甘肃人民出版社	12 004	786	15	76
207	东方出版中心	11 748	550	21	1
208	安徽大学出版社	11 743	991	12	1
209	黄山书社	11 671	2 982	4	68
210	天津社会科学院出版社	11 532	522	22	1
211	立信会计出版社	11 364	1 895	6	1
212	新星出版社	11 306	2 167	5	1
213	中国民主法制出版社	10 967	1 350	8	1
214	外文出版社	10 911	3 038	4	1
215	山东画报出版社	10 897	2 140	5	1
216	花城出版社	10 841	1 493	7	65
217	人民日报出版社	10 834	3 490	3	1
218	天津古籍出版社	10 809	494	22	68
219	四川科学技术出版社	10 715	1 119	10	1
220	安徽文艺出版社	10 614	1 982	5	61
221	郑州大学出版社	10 598	2 962	4	1
222	中国书籍出版社	10 583	3 496	3	1
223	黄河水利出版社	10 541	1 316	8	1
224	宗教文化出版社	10 534	735	14	1
225	东北大学出版社	10 489	1 223	9	1
226	苏州大学出版社	10 437	2 003	5	1
227	江苏文艺出版社	10 424	2 418	4	1

续表

排序	出版社	总被引频次/次	出版册数/种	册均被引频次/次	h 指数
228	江西教育出版社	10 227	2 562	4	69
229	上海大学出版社	10 093	2 331	4	1
230	长江文艺出版社	9 992	3 615	3	1
231	当代中国出版社	9 918	584	17	73
232	兰州大学出版社	9 883	1 296	8	1
233	漓江出版社	9 854	2 307	4	1
234	中国美术学院出版社	9 698	1 039	9	1
235	三秦出版社	9 631	1 268	8	64
236	吉林出版集团有限责任公司	9 550	10 451	1	1
237	上海音乐学院出版社	9 507	437	22	1
238	中央广播电视大学出版社	9 296	2 575	4	1
239	中国时代经济出版社	9 262	1 569	6	1
240	国家行政学院出版社	9 092	1 327	7	1
241	云南民族出版社	9 064	1 828	5	1
242	辽宁大学出版社	8 973	1 636	5	1
243	河北大学出版社	8 745	1 040	8	1
244	春风文艺出版社	8 736	1 051	8	1
245	山东文艺出版社	8 698	1 348	6	1
246	吉林文史出版社	8 593	2 711	3	67
247	中国文联出版社	8 484	8 039	1	54
248	青岛出版社	8 462	6 119	1	1
249	天津教育出版社	8 448	1 366	6	1
250	中国城市出版社	8 295	599	14	1
251	黑龙江教育出版社	8 184	3 036	3	1
252	经济日报出版社	8 168	634	13	1
253	中国书店出版社	8 007	1 503	5	63
254	中国人事出版社	7 984	707	11	1
255	北京十月文艺出版社	7 955	430	19	1
256	浙江文艺出版社	7 844	1 177	7	1
257	中国海洋大学出版社	7 690	1 290	6	1
258	青海人民出版社	7 664	1 146	7	67
259	团结出版社	7 573	7 097	1	1
260	中国国际广播出版社	7 566	450	17	1

续表

排序	出版社	总被引频次/次	出版册数/种	册均被引频次/次	h 指数
261	中国商业出版社	7 523	1 997	4	1
262	大象出版社	7 452	2 630	3	54
263	武汉出版社	7 416	4 812	2	1
264	华文出版社	7 323	908	8	1
265	新世界出版社	7 212	3 750	2	1
266	陕西人民教育出版社	7 193	3 637	2	1
267	吉林教育出版社	7 131	6 742	1	1
268	海天出版社	7 058	1 500	5	1
269	中国藏学出版社	7 042	446	16	62
270	中央音乐学院出版社	6 991	388	18	1
271	旅游教育出版社	6 905	1 417	5	1
272	文汇出版社	6 724	2 151	3	1
273	上海文化出版社	6 695	758	9	1
274	汉语大词典出版社	6 538	—	—	1
275	军事科学出版社	6 396	284	23	1
276	长春出版社	6 308	2 650	2	1
277	西藏人民出版社	6 236	1 888	3	56
278	四川民族出版社	5 990	1 511	4	1
279	红旗出版社	5 956	1 806	3	1
280	百花洲文艺出版社	5 920	1 643	4	1
281	中国税务出版社	5 904	701	8	1
282	西北大学出版社	5 892	869	7	1
283	中国工人出版社	5 878	1 417	4	1
284	中国言实出版社	5 849	3 062	2	1
285	当代世界出版社	5 815	344	17	1
286	中国大地出版社	5 813	418	14	1
287	中国市场出版社	5 656	616	9	1
288	中国华侨出版社	5 615	4 491	1	1
289	南方日报出版社	5 574	1 280	4	1
290	山西经济出版社	5 503	625	9	1
291	北岳文艺出版社	5 384	1 404	4	1
292	辽宁民族出版社	4 980	1 181	4	1
293	时代文艺出版社	4 966	1 556	3	1

续表

排序	出版社	总被引频次/次	出版册数/种	册均被引频次/次	h 指数
294	学习出版社	4 959	623	8	1
295	南海出版公司	4 912	3 292	1	1
296	线装书局	4 899	2 834	2	1
297	国家图书馆出版社	4 898	1 200	4	1
298	群言出版社	4 873	967	5	1
299	方志出版社	4 852	1 707	3	1
300	甘肃教育出版社	4 844	1 408	3	1
301	广西民族出版社	4 843	481	10	1
302	内蒙古大学出版社	4 798	1 168	4	1
303	贵州民族出版社	4 693	341	14	1
304	杭州大学出版社	4 596	—	—	1
305	云南教育出版社	4 593	3 697	1	1
306	江西高校出版社	4 586	4 331	1	1
307	南京出版社	4 574	1 822	3	1
308	辽海出版社	4 332	2 220	2	1
309	华龄出版社	4 327	1 264	3	1
310	沈阳出版社	4 305	3 274	1	1
311	四川文艺出版社	4 248	1 099	4	1
312	中国人口出版社	4 236	4 756	1	1
313	湖南出版社	4 101	—	—	1
314	京华出版社	4 094	—	—	1
315	广陵书社	4 016	869	5	1
316	党建读物出版社	3 928	548	7	1
317	陕西人民美术出版社	3 892	682	6	1
318	中国商务出版社	3 768	1 025	4	1
319	国防大学出版社	3 741	392	10	1
320	中国档案出版社	3 682	—	—	1
321	花山文艺出版社	3 406	2 281	1	1
322	甘肃文化出版社	3 380	950	4	1
323	西苑出版社	3 351	432	8	1
324	四川辞书出版社	3 298	365	9	1
325	哈尔滨出版社	3 215	2 401	1	1
326	大众文艺出版社	3 177	1 002	3	1
327	中国和平出版社	3 119	929	3	1

续表

排序	出版社	总被引频次/次	出版册数/种	册均被引频次/次	h 指数
328	民主与建设出版社	3 060	1 146	3	1
329	中国妇女出版社	3 002	1 054	3	1
330	汕头大学出版社	2 973	2 391	1	1
331	甘肃民族出版社	2 904	1 606	2	1
332	海峡文艺出版社	2 597	1 173	2	1
333	新疆大学出版社	2 549	407	6	1
334	现代出版社	2 548	6 694	0	1
335	中国地图出版社	2 482	1 775	1	1
336	北方文艺出版社	2 392	995	2	1
337	延边大学出版社	2 369	6 785	0	1
338	改革出版社	2 349	—	—	1
339	鹭江出版社	2 322	733	3	1
340	远方出版社	2 318	1 215	2	1
341	华艺出版社	2 306	193	12	1
342	山东友谊出版社	2 232	586	4	1
343	敦煌文艺出版社	2 198	1 136	2	1
344	珠海出版社	2 110	—	—	1
345	广州出版社	2 095	2 074	1	1
346	中国展望出版社	1 820	—	—	1
347	四川省社会科学院出版社	1 493	—	—	1
348	中国工商出版社	1 465	353	4	1
349	军事谊文出版社	1 349	134	10	1
350	文津出版社	1 243	53	23	1

注：①因有 10 个出版社的出版册数及册均被引频次数据缺失，表中以"—"表示，只显示总被引频次指标与 h 指数；②计算册均被引频次指标时四舍五入取整数。

为了分析各指标之间的相关性及指标重要性，我们采用 SPSS 工具对各指标数值进行相关度分析，得到各指标的相关性系数如表 5-2 所示。

表 5-2 学术性指标的各指标相关性

项目		总被引频次	出版册数	册均被引频次	h 指数
总被引频次	spearman 相关系数	1.000	0.452**	0.732**	0.227**
	显著性（双尾）	.	0.000	0.000	0.000
	N	350	340	340	350

续表

项目		总被引频次	出版册数	册均被引频次	h 指数
出版册数	spearman 相关系数	0.452**	1.000	−0.206**	0.090
	显著性（双尾）	0.000	.	0.000	0.099
	N	340	340	340	340
册均被引频次	spearman 相关系数	0.732**	−0.206**	1.000	0.153**
	显著性（双尾）	0.000	0.000	.	0.005
	N	340	340	340	340
h 指数	spearman 相关系数	0.227**	0.090	0.153**	1.000
	显著性（双尾）	0.000	0.099	0.005	.
	N	350	340	340	350

**相关性在 0.01 水平上显著（双尾）。

从表 5-2 可以看出，在学术性指标的各个分指标中，总被引频次指标作为反映出版社学术影响力的主要指标，与其他三个指标在 0.01 水平上显著相关。其中，相关度最高的是册均被引频次指标，相关性系数为 0.732；其次为出版册数指标，相关性系数为 0.452；相关度最低的是 h 指数，呈现为 0.227 的弱相关。此外，出版册数指标与册均被引频次指标呈负相关，相关系数为−0.206；与 h 指数的相关性在 0.01 水平上不显著。由此可见，上述指标的可用性与重要程度并非均衡的，我们在实际使用中需要有所取舍并对各指标赋予不同的权重，按照评价目标综合各指标因素，以避免单指标评价引起的偏差。

2. 前后两个五年总被引频次指标对比

总被引频次指标是反映出版社学术影响力的主要指标，我们通过中国引文数据库检索得到 2012~2016 年和 2007~2011 年前后两个五年出版社总被引频次指标数值，按照 2012~2016 年总被引频次降序排列，如表 5-3 所示。

表 5-3 出版社前后两个五年的总被引频次指标数值

排序	出版社	2012~2016 年总被引频次/次	2007~2011 年总被引频次/次
1	科学出版社	739 943	793 202
2	中华书局	608 645	493 147
3	北京大学出版社	543 364	500 998
4	人民卫生出版社	536 724	554 094
5	清华大学出版社	521 724	604 989
6	商务印书馆	512 329	511 433

续表

排序	出版社	2012~2016年总被引频次/次	2007~2011年总被引频次/次
7	机械工业出版社	505 763	530 425
8	中国人民大学出版社	490 549	475 285
9	人民出版社	464 981	447 288
10	法律出版社	420 023	464 775
11	化学工业出版社	353 155	362 057
12	中国社会科学出版社	306 360	302 919
13	电子工业出版社	286 673	334 355
14	上海人民出版社	269 514	268 049
15	中国建筑工业出版社	260 461	245 066
16	社会科学文献出版社	233 774	207 198
17	上海古籍出版社	202 332	171 349
18	中国政法大学出版社	194 472	260 043
19	国防工业出版社	165 257	184 011
20	生活·读书·新知三联书店	163 619	188 744
21	人民邮电出版社	160 011	183 963
22	华东师范大学出版社	158 008	150 549
23	复旦大学出版社	148 532	162 560
24	人民教育出版社	144 328	150 965
25	中国农业出版社	144 215	139 768
26	教育科学出版社	135 412	128 681
27	人民文学出版社	132 964	137 007
28	人民交通出版社	132 581	143 901
29	华夏出版社	124 426	138 185
30	北京师范大学出版社	117 959	89 600
31	中国电力出版社	115 942	103 314
32	武汉大学出版社	115 635	125 256
33	上海科学技术出版社	108 981	139 266
34	上海外语教育出版社	107 334	113 680
35	经济科学出版社	104 567	134 082
36	上海译文出版社	94 395	94 118
37	广西师范大学出版社	94 114	77 501
38	中国法制出版社	93 402	98 899
39	上海教育出版社	89 622	87 431

续表

排序	出版社	2012~2016年总被引频次/次	2007~2011年总被引频次/次
40	中国水利水电出版社	87 272	87 221
41	外语教学与研究出版社	87 010	71 128
42	石油工业出版社	81 892	82 862
43	中国轻工业出版社	80 294	86 573
44	浙江大学出版社	79 810	67 522
45	地质出版社	79 288	69 113
46	南京大学出版社	69 036	61 328
47	东南大学出版社	68 882	69 203
48	中国财政经济出版社	65 828	92 031
49	中国铁道出版社	65 815	72 075
50	中国林业出版社	64 618	69 473
51	中国人民公安大学出版社	62 981	69 207
52	江苏人民出版社	62 961	56 409
53	译林出版社	62 540	40 734
54	中央编译出版社	62 281	53 365
55	中国经济出版社	60 115	78 470
56	新华出版社	58 819	66 136
57	中国环境出版社	51 821	62 283
58	中国统计出版社	50 439	66 552
59	民族出版社	50 416	43 425
60	人民法院出版社	49 537	63 839
61	经济管理出版社	49 466	69 493
62	山东人民出版社	49 433	54 225
63	上海交通大学出版社	48 917	42 070
64	江苏教育出版社	48 662	44 109
65	知识产权出版社	48 647	31 302
66	中国金融出版社	47 824	61 623
67	中信出版社	47 275	41 475
68	北京理工大学出版社	46 472	44 960
69	气象出版社	45 496	44 779
70	学林出版社	45 451	49 444
71	四川人民出版社	45 005	52 396
72	人民体育出版社	44 659	49 792

续表

排序	出版社	2012～2016年总被引频次/次	2007～2011年总被引频次/次
73	文物出版社	43 615	33 507
74	人民音乐出版社	43 165	41 977
75	上海文艺出版社	42 564	43 300
76	同济大学出版社	41 292	49 711
77	南开大学出版社	41 188	46 706
78	浙江人民出版社	41 030	45 036
79	重庆大学出版社	40 593	32 970
80	中国大百科全书出版社	39 518	49 228
81	华中科技大学出版社	39 045	29 426
82	浙江教育出版社	38 623	41 613
83	天津人民出版社	38 351	39 361
84	东方出版社	38 122	38 876
85	重庆出版社	38 056	37 783
86	吉林人民出版社	38 043	42 184
87	中国检察出版社	36 960	44 783
88	中国青年出版总社	36 485	33 736
89	中央文献出版社	35 647	32 827
90	文化艺术出版社	35 633	29 021
91	北京出版社	35 504	38 625
92	西安交通大学出版社	34 994	46 204
93	上海财经大学出版社	34 940	53 758
94	科学技术文献出版社	34 661	49 378
95	中国广播影视出版社	34 626	31 864
96	中共中央党校出版社	34 585	38 693
97	中国纺织出版社	33 837	34 595
98	湖南人民出版社	33 748	37 406
99	中国传媒大学出版社	33 583	19 206
100	岳麓书社	33 527	29 479
101	上海音乐出版社	33 518	27 124
102	天津大学出版社	32 961	38 241
103	华中师范大学出版社	32 415	28 632
104	厦门大学出版社	32 248	30 422
105	山东教育出版社	32 124	36 530

续表

排序	出版社	2012~2016年总被引频次/次	2007~2011年总被引频次/次
106	东北财经大学出版社	31 844	42 794
107	上海社会科学院出版社	31 759	33 238
108	安徽教育出版社	31 089	30 275
109	河北教育出版社	29 849	31 149
110	北京体育大学出版社	29 493	31 939
111	海洋出版社	29 321	24 885
112	世界知识出版社	29 019	34 610
113	云南人民出版社	28 330	27 257
114	黑龙江人民出版社	27 758	29 133
115	上海辞书出版社	27 713	19 609
116	湖南科学技术出版社	27 634	36 828
117	齐鲁书社	27 303	27 074
118	四川大学出版社	27 017	25 134
119	湖南教育出版社	26 809	32 298
120	中国劳动社会保障出版社	26 211	23 682
121	山东大学出版社	25 836	23 942
122	中国社会出版社	25 809	19 285
123	中山大学出版社	25 445	26 315
124	广东人民出版社	25 226	26 402
125	中国电影出版社	25 088	19 772
126	福建人民出版社	24 890	23 720
127	中央民族大学出版社	24 659	18 573
128	上海书店出版社	24 640	20 152
129	湖北教育出版社	24 580	26 582
130	中国科学技术大学出版社	24 539	28 547
131	陕西人民出版社	24 160	24 747
132	贵州人民出版社	24 142	26 348
133	百花文艺出版社	23 849	23 283
134	人民美术出版社	23 698	17 445
135	中国科学技术出版社	23 651	28 996
136	学苑出版社	23 298	20 614
137	巴蜀书社	23 095	19 689
138	光明日报出版社	22 829	16 380

续表

排序	出版社	2012~2016年总被引频次/次	2007~2011年总被引频次/次
139	江西人民出版社	22 642	21 082
140	中国方正出版社	22 614	30 116
141	辽宁人民出版社	22 372	25 277
142	福建教育出版社	21 548	18 587
143	作家出版社	20 908	17 428
144	湖北人民出版社	20 498	21 806
145	河南大学出版社	20 326	19 934
146	河南人民出版社	20 199	23 030
147	首都师范大学出版社	19 954	17 495
148	南京师范大学出版社	19 820	18 740
149	上海人民美术出版社	19 489	15 265
150	辽宁教育出版社	19 211	21 694
151	西南师范大学出版社	19 078	16 167
152	群众出版社	19 060	23 763
153	中南大学出版社	18 904	16 348
154	暨南大学出版社	18 853	16 572
155	中国戏剧出版社	18 793	16 663
156	吉林大学出版社	18 792	16 229
157	辽宁科学技术出版社	18 789	20 275
158	东北师范大学出版社	18 696	16 288
159	大连理工大学出版社	18 668	20 510
160	海南出版社	18 571	19 028
161	华南理工大学出版社	18 446	20 399
162	天津科学技术出版社	18 320	26 936
163	广东高等教育出版社	17 969	20 078
164	中国发展出版社	17 882	27 960
165	云南大学出版社	17 131	13 215
166	陕西师范大学出版社	17 081	16 496
167	上海科学技术文献出版社	16 736	24 045
168	河北人民出版社	16 718	17 780
169	语文出版社	16 435	15 764
170	湖南大学出版社	16 154	17 130
171	江苏美术出版社	16 095	12 034

续表

排序	出版社	2012～2016年总被引频次/次	2007～2011年总被引频次/次
172	中州古籍出版社	16 020	12 530
173	对外经济贸易大学出版社	15 973	18 454
174	广西教育出版社	15 591	18 776
175	山西人民出版社	15 562	14 076
176	西南财经大学出版社	15 307	21 053
177	华东理工大学出版社	15 239	13 782
178	新疆人民出版社	14 929	13 011
179	上海远东出版社	14 642	19 249
180	四川教育出版社	14 465	14 461
181	九州出版社	14 364	9 063
182	湖南文艺出版社	14 260	12 510
183	广东教育出版社	14 235	15 068
184	广西人民出版社	14 220	14 132
185	宁夏人民出版社	14 030	11 299
186	上海科技教育出版社	13 917	18 342
187	中国农业科学技术出版社	13 909	9 239
188	湖南师范大学出版社	13 771	13 766
189	时事出版社	13 755	16 150
190	企业管理出版社	13 715	19 801
191	中国旅游出版社	13 278	16 395
192	中国友谊出版公司	13 273	8 223
193	中国计划出版社	13 262	20 624
194	上海书画出版社	13 235	8 894
195	安徽人民出版社	13 218	12 359
196	广东经济出版社	13 077	18 533
197	首都经济贸易大学出版社	13 053	15 366
198	山西教育出版社	13 025	14 224
199	浙江古籍出版社	12 879	9 740
200	国际文化出版公司	12 758	12 883
201	中共党史出版社	12 629	10 418
202	北京语言大学出版社	12 563	4 843
203	内蒙古人民出版社	12 484	10 946
204	中国文史出版社	12 343	10 800

续表

排序	出版社	2012～2016年总被引频次/次	2007～2011年总被引频次/次
205	湖北科学技术出版社	12 311	16 991
206	甘肃人民出版社	12 004	11 111
207	东方出版中心	11 748	10 146
208	安徽大学出版社	11 743	10 591
209	黄山书社	11 671	7 960
210	天津社会科学院出版社	11 532	11 395
211	立信会计出版社	11 364	17 479
212	新星出版社	11 306	7 414
213	中国民主法制出版社	10 967	10 150
214	外文出版社	10 911	5 011
215	山东画报出版社	10 897	8 856
216	花城出版社	10 841	11 435
217	人民日报出版社	10 834	7 507
218	天津古籍出版社	10 809	8 372
219	四川科学技术出版社	10 715	12 743
220	安徽文艺出版社	10 614	12 558
221	郑州大学出版社	10 598	10 162
222	中国书籍出版社	10 583	7 617
223	黄河水利出版社	10 541	11 559
224	宗教文化出版社	10 534	9 230
225	东北大学出版社	10 489	11 830
226	苏州大学出版社	10 437	9 188
227	江苏文艺出版社	10 424	7 490
228	江西教育出版社	10 227	11 042
229	上海大学出版社	10 093	8 944
230	长江文艺出版社	9 992	8 569
231	当代中国出版社	9 918	9 556
232	兰州大学出版社	9 883	10 091
233	漓江出版社	9 854	8 999
234	中国美术学院出版社	9 698	7 209
235	三秦出版社	9 631	7 963
236	吉林出版集团有限责任公司	9 550	2 479
237	上海音乐学院出版社	9 507	6 166

续表

排序	出版社	2012～2016年总被引频次/次	2007～2011年总被引频次/次
238	中央广播电视大学出版社	9 296	11 029
239	中国时代经济出版社	9 262	11 872
240	国家行政学院出版社	9 092	7 190
241	云南民族出版社	9 064	6 877
242	辽宁大学出版社	8 973	8 806
243	河北大学出版社	8 745	8 861
244	春风文艺出版社	8 736	9 315
245	山东文艺出版社	8 698	8 512
246	吉林文史出版社	8 593	7 407
247	中国文联出版社	8 484	7 257
248	青岛出版社	8 462	10 200
249	天津教育出版社	8 448	7 584
250	中国城市出版社	8 295	9 933
251	黑龙江教育出版社	8 184	8 383
252	经济日报出版社	8 168	12 188
253	中国书店出版社	8 007	7 058
254	中国人事出版社	7 984	9 882
255	北京十月文艺出版社	7 955	6 063
256	浙江文艺出版社	7 844	8 244
257	中国海洋大学出版社	7 690	5 933
258	青海人民出版社	7 664	7 203
259	团结出版社	7 573	7 301
260	中国国际广播出版社	7 566	7 778
261	中国商业出版社	7 523	9 560
262	大象出版社	7 452	4 886
263	武汉出版社	7 416	7 871
264	华文出版社	7 323	7 711
265	新世界出版社	7 212	6 105
266	陕西人民教育出版社	7 193	8 243
267	吉林教育出版社	7 131	8 274
268	海天出版社	7 058	8 866
269	中国藏学出版社	7 042	4 705
270	中央音乐学院出版社	6 991	3 695

续表

排序	出版社	2012～2016年总被引频次/次	2007～2011年总被引频次/次
271	旅游教育出版社	6 905	7 378
272	文汇出版社	6 724	7 028
273	上海文化出版社	6 695	6 484
274	汉语大词典出版社	6 538	6 850
275	军事科学出版社	6 396	7 349
276	长春出版社	6 308	5 927
277	西藏人民出版社	6 236	4 554
278	四川民族出版社	5 990	5 570
279	红旗出版社	5 956	6 836
280	百花洲文艺出版社	5 920	5 533
281	中国税务出版社	5 904	6 462
282	西北大学出版社	5 892	6 113
283	中国工人出版社	5 878	6 482
284	中国言实出版社	5 849	6 072
285	当代世界出版社	5 815	6 230
286	中国大地出版社	5 813	6 996
287	中国市场出版社	5 656	5 271
288	中国华侨出版社	5 615	4 742
289	南方日报出版社	5 574	6 248
290	山西经济出版社	5 503	8 971
291	北岳文艺出版社	5 384	5 344
292	辽宁民族出版社	4 980	3 198
293	时代文艺出版社	4 966	5 330
294	学习出版社	4 959	2 436
295	南海出版公司	4 912	3 599
296	线装书局	4 899	1 849
297	国家图书馆出版社	4 898	530
298	群言出版社	4 873	3 831
299	方志出版社	4 852	3 528
300	甘肃教育出版社	4 844	4 571
301	广西民族出版社	4 843	4 482
302	内蒙古大学出版社	4 798	3 740
303	贵州民族出版社	4 693	3 748

续表

排序	出版社	2012～2016年总被引频次/次	2007～2011年总被引频次/次
304	杭州大学出版社	4 596	5 736
305	云南教育出版社	4 593	3 909
306	江西高校出版社	4 586	4 601
307	南京出版社	4 574	3 463
308	辽海出版社	4 332	4 290
309	华龄出版社	4 327	3 791
310	沈阳出版社	4 305	4 666
311	四川文艺出版社	4 248	4 062
312	中国人口出版社	4 236	3 984
313	湖南出版社	4 101	5 031
314	京华出版社	4 094	4 283
315	广陵书社	4 016	1 881
316	党建读物出版社	3 928	3 424
317	陕西人民美术出版社	3 892	3 408
318	中国商务出版社	3 768	4 600
319	国防大学出版社	3 741	4 606
320	中国档案出版社	3 682	3 778
321	花山文艺出版社	3 406	3 093
322	甘肃文化出版社	3 380	2 477
323	西苑出版社	3 351	3 811
324	四川辞书出版社	3 298	2 871
325	哈尔滨出版社	3 215	3 758
326	大众文艺出版社	3 177	2 818
327	中国和平出版社	3 119	4 173
328	民主与建设出版社	3 060	5 309
329	中国妇女出版社	3 002	2 656
330	汕头大学出版社	2 973	3 197
331	甘肃民族出版社	2 904	2 272
332	海峡文艺出版社	2 597	2 818
333	新疆大学出版社	2 549	2 653
334	现代出版社	2 548	2 271
335	中国地图出版社	2 482	1 760
336	北方文艺出版社	2 392	2 061

续表

排序	出版社	2012~2016年总被引频次/次	2007~2011年总被引频次/次
337	延边大学出版社	2 369	2 227
338	改革出版社	2 349	3 546
339	鹭江出版社	2 322	2 560
340	远方出版社	2 318	2 198
341	华艺出版社	2 306	2 732
342	山东友谊出版社	2 232	2 345
343	敦煌文艺出版社	2 198	2 279
344	珠海出版社	2 110	3 169
345	广州出版社	2 095	2 764
346	中国展望出版社	1 820	2 588
347	四川省社会科学院出版社	1 493	1 629
348	中国工商出版社	1 465	1 800
349	军事谊文出版社	1 349	1 329
350	文津出版社	1 243	1 720

从表 5-3 可以看出，前后两个五年间各出版社的总被引频次指标数值及排序略有变化，但基本保持同步稳定增减。其中，科学出版社在前后两个五年的总被引频次指标排序中均稳居第一位，但指标数值略有下降。为了更好地对比 2012~2016 年和 2007~2011 年的出版社总体影响力变化情况，采用 SPSS 软件进行相关度分析，得到二者的相关性系数，如表 5-4 所示。

表 5-4 出版社总被引频次指标在两个五年的相关性

项目		2012~2016 年总被引频次	2007~2011 年总被引频次
2012~2016 年总被引频次	spearman 相关系数	1.000	0.980**
	显著性（双尾）	.	0.000
	N	350	350
2007~2011 年总被引频次	spearman 相关系数	0.980**	1.000
	显著性（双尾）	0.000	.
	N	350	350

**相关性在 0.01 水平上显著（双尾）。

从表 5-4 可以看出，上述 350 家高被引出版社样本在 2007~2011 年与 2012~2016 年两个时间段的总被引频次指标整体变化不大，二者在 0.01 显著性水平上高度相关，相关性系数为0.980。这说明，被中国引文数据库收录的出版社图书被引数据中，前后两个五年的出版社学术影响力保持平缓发展，具有较好的稳定性。

5.4.2 专业性指标分析

专业性指标分析的基础是专业划分与学科归类，我们通过对两次实证的学科归类进行对比与筛选，发现有15个学科在不同数据来源的前后两个时间段存在大致的学科对应关系（个别学科名称不完全对应）。这些学科包括：马克思主义、哲学、心理学、宗教学、人口学与计划生育、民族学、政治学、军事学、新闻与传媒、文化学、图书情报与数字图书馆、体育学、考古学、地理学、环境科学与资源利用。为了多角度展示各学科的高被引出版社在2012~2016年的指标数值，我们分别统计出362家高被引出版社样本在173个学科（包括自然科学和人文社会科学）的学科被引频次、出版册数与册均被引频次，并从中找出具有上述15个学科对应关系的人文社会科学领域的高被引出版社，分别揭示与分析每个学科出版社在不同时间段与数据源的专业性指标表现和变化情况。

1. 马克思主义学科

我们按照出版社的学科被引频次排序，计算 h 指数核心区，选出马克思主义学科领域的高被引出版社103家，并统计这些出版社的出版册数、册均被引频次指标数值。然后，从中选出前50家高被引出版社，列表展示其学科被引频次、出版册数、册均被引频次指标数值，见表5-5。

表5-5 马克思主义学科高被引出版社的指标数值（2012~2016年）

排序	出版社	学科被引频次/次	出版册数/种	册均被引频次/次
1	人民出版社	144 013	255	565
2	中央文献出版社	12 199	111	110
3	中国人民大学出版社	5 453	93	59
4	中共中央党校出版社	2 669	58	46
5	中央编译出版社	2 226	108	21
6	中国社会科学出版社	1 982	189	10
7	商务印书馆	1 965	2	983
8	北京师范大学出版社	1 797	17	106

续表

排序	出版社	学科被引频次/次	出版册数/种	册均被引频次/次
9	人民日报出版社	1 597	17	94
10	湖南出版社	1 586	—	—
11	上海人民出版社	1 375	25	55
12	新华出版社	1 138	28	41
13	北京大学出版社	950	18	53
14	社会科学文献出版社	930	51	18
15	人民文学出版社	857	4	214
16	人民教育出版社	854	1	854
17	南京大学出版社	850	28	30
18	中共党史出版社	814	84	10
19	生活·读书·新知三联书店	740	—	—
20	湖南人民出版社	704	37	19
21	中国青年出版总社	625	9	69
22	复旦大学出版社	610	9	68
23	四川人民出版社	606	21	29
24	民族出版社	577	7	82
25	重庆出版社	571	7	82
26	江西人民出版社	508	11	46
27	山东人民出版社	506	21	24
28	世界知识出版社	488	—	—
29	武汉大学出版社	485	9	54
30	陕西人民出版社	467	9	52
31	北京出版社	464	16	29
32	江苏人民出版社	431	18	24
33	浙江人民出版社	421	11	38
34	经济科学出版社	414	9	46
35	河南人民出版社	408	10	41
36	红旗出版社	400	42	10
37	福建人民出版社	359	4	90
38	河北人民出版社	349	16	22
39	华东师范大学出版社	337	2	169
40	吉林大学出版社	310	41	8
41	中央民族大学出版社	291	—	—

续表

排序	出版社	学科被引频次/次	出版册数/种	册均被引频次/次
42	辽宁人民出版社	284	28	10
43	黑龙江人民出版社	282	22	13
44	湖南师范大学出版社	281	4	70
45	新星出版社	277	—	—
46	广西人民出版社	267	24	11
47	学林出版社	248	2	124
48	湖北人民出版社	245	15	16
49	吉林人民出版社	244	22	11
50	当代中国出版社	238	8	30

注：①因部分出版社的出版册数及册均被引频次数据缺失，表中以"—"表示，只显示其学科被引频次指标；②计算册均被引频次指标时四舍五入取整数。

从表5-5可以看出，相比于2007～2011年的实证结果，人民出版社与中央文献出版社在2012～2016年仍然是马克思主义学科领域被引影响力最大的出版社，时间段与数据源都没有影响到这两家知名的社科类出版社在马克思主义学科位居前两名的专业地位。商务印书馆在2007～2011年学科被引频次位居第三，而在2012～2016年的册均被引频次指标位居第一，这说明该出版社越来越专注于图书出版的质量与实行精品战略。其他如中国人民大学出版社、中共中央党校出版社、中央编译出版社、中国社会科学出版社等，作为社会科学领域的老牌社科类出版社，在2012～2016年的马克思主义学科被引频次指标排序中都名列前茅。

为了从整体上对比前后两次实证结果的分学科被引频次指标变化情况与相关程度，我们采用SPSS软件对2007～2011年实证的学科被引与2012～2016年实证的学科被引情况进行了相关性分析。我们对分析样本数量的选取，主要依据前后两次实证展示出的分学科高被引出版社名单交集的数量，将马克思主义学科出版社的相关分析N值设为46，最后得到两个五年的学科被引频次相关性系数，如表5-6所示。

表5-6 马克思主义学科出版社的学科被引频次指标相关性

项目		学科被引频次（2007～2011年）	学科被引频次（2012～2016年）
学科被引频次（2007～2011年）	spearman相关系数	1.000	0.616**
	显著性（双尾）	.	0.000
	N	46	46

续表

项目		学科被引频次 （2007～2011 年）	学科被引频次 （2012～2016 年）
学科被引频次 （2012～2016 年）	spearman 相关系数	0.616**	1.000
	显著性（双尾）	0.000	.
	N	46	46

**相关性在 0.01 水平上显著（双尾）。

如表 5-6 所示，马克思主义学科出版社的学科被引频次指标在两次实证结果中呈现中度相关，相关性系数为 0.616。这说明，前后两次实证的数据来源与指标测度从不同侧面反映了出版社的引文特征与引证规律，二者在实际应用时可以互相参考。

2. 哲学学科

我们按照出版社的学科被引频次排序，计算 h 指数核心区，选出哲学学科领域的高被引出版社 172 家，并统计这些出版社的出版册数、册均被引频次指标数值。然后，从中选出前 50 家高被引出版社，列表展示其学科被引频次、出版册数、册均被引频次指标数值，见表 5-7。

表 5-7 哲学学科高被引出版社的指标数值（2012～2016 年）

排序	出版社	学科被引频次/次	出版册数/种	册均被引频次/次
1	商务印书馆	79 832	293	272
2	中华书局	75 845	299	254
3	人民出版社	31 632	313	101
4	生活·读书·新知三联书店	26 849	—	—
5	上海人民出版社	24 526	169	145
6	中国人民大学出版社	21 837	220	99
7	上海古籍出版社	21 285	136	157
8	北京大学出版社	20 533	251	82
9	上海译文出版社	20 220	47	430
10	中国社会科学出版社	17 471	434	40
11	译林出版社	8 453	88	96
12	华东师范大学出版社	8 198	188	44
13	社会科学文献出版社	7 640	150	51
14	重庆出版社	7 076	35	202

续表

排序	出版社	学科被引频次/次	出版册数/种	册均被引频次/次
15	南京大学出版社	6 832	55	124
16	江苏人民出版社	6 776	128	53
17	复旦大学出版社	6 683	69	97
18	华夏出版社	5 999	120	50
19	东方出版社	5 490	148	37
20	广西师范大学出版社	5 309	100	53
21	吉林人民出版社	5 051	68	74
22	岳麓书社	5 007	77	65
23	北京师范大学出版社	4 503	121	37
24	中央编译出版社	4 403	117	38
25	齐鲁书社	4 365	41	106
26	贵州人民出版社	3 646	36	101
27	北京出版社	3 288	46	71
28	河北人民出版社	2 950	18	164
29	山东人民出版社	2 799	73	38
30	学林出版社	2 541	11	231
31	武汉大学出版社	2 482	48	52
32	巴蜀书社	2 383	46	52
33	江苏教育出版社	2 273	3	758
34	九州出版社	2 195	168	13
35	中州古籍出版社	2 069	77	27
36	黑龙江人民出版社	1 966	36	55
37	上海远东出版社	1 956	4	489
38	云南人民出版社	1 907	34	56
39	安徽文艺出版社	1 889	20	94
40	辽宁教育出版社	1 876	6	313
41	河北教育出版社	1 866	16	117
42	河南人民出版社	1 854	38	49
43	文化艺术出版社	1 832	8	229
44	上海书店出版社	1 732	19	91
45	人民文学出版社	1 548	13	119
46	中国广播影视出版社	1 533	12	128
47	科学出版社	1 532	63	24

排序	出版社	学科被引频次/次	出版册数/种	册均被引频次/次
48	辽宁人民出版社	1 531	14	109
49	上海社会科学院出版社	1 519	14	109
50	广东人民出版社	1 517	23	66

注：①因部分出版社的出版册数及册均被引频次数据缺失，表中以"—"表示，只显示其学科被引频次指标；②计算册均被引频次指标时四舍五入取整数。

从表 5-7 可以看出，哲学领域的学科高被引出版社在 2012～2016 年的前三名与 2007～2011 年的前三名均为商务印书馆、中华书局、人民出版社，不同的是学科被引频次第一名由原来的人民出版社变成了商务印书馆。此外，排除表 5-7 中的个别异常数据因素，册均被引频次指标表现最好的是上海译文出版社，出版册数指标表现最好的是中国社会科学出版社。

为了从整体上对比前后两次实证结果的学科被引频次指标变化情况与相关程度，我们采用 SPSS 软件对 2007～2011 年实证的学科被引与 2012～2016 年实证的学科被引情况进行了相关性分析。对分析样本数量的选取，主要依据前后两次实证展示出的分学科高被引出版社名单交集的数量，将哲学学科出版社的相关分析 N 值设为 108，最后得到两个五年的学科被引频次相关性系数，如表 5-8 所示。

表 5-8 哲学学科出版社的学科被引频次指标相关性

项目		学科被引频次 （2007～2011 年）	学科被引频次 （2012～2016 年）
学科被引频次 （2007～2011 年）	spearman 相关系数	1.000	0.836**
	显著性（双尾）	.	0.000
	N	108	108
学科被引频次 （2012～2016 年）	spearman 相关系数	0.836**	1.000
	显著性（双尾）	0.000	.
	N	108	108

**相关性在 0.01 水平上显著（双尾）。

如表 5-8 所示，哲学学科出版社的学科被引频次指标在两次实证结果中呈现高度相关，相关性系数为 0.836。相比于其他 14 个学科，哲学学科是唯一呈现出高度相关的学科，这反映了哲学学科出版社的被引学术影响力在不同的时间段和数据源均表现非常稳定。

3. 心理学学科

我们按照出版社的学科被引频次排序，计算 h 指数核心区，选出心理学学科领域的高被引出版社 112 家，并统计这些出版社的出版册数、册均被引频次指标数值。然后，从中选出前 50 家高被引出版社，列表展示其学科被引频次、出版册数、册均被引频次指标数值，见表 5-9。

表 5-9　心理学学科高被引出版社的指标数值（2012~2016 年）

排序	出版社	学科被引频次/次	出版册数/种	册均被引频次/次
1	北京师范大学出版社	8779	104	84
2	华东师范大学出版社	7905	62	128
3	人民教育出版社	7470	12	623
4	浙江教育出版社	6401	43	149
5	上海教育出版社	5178	17	305
6	北京大学出版社	4383	55	80
7	中国轻工业出版社	3996	46	87
8	上海人民出版社	3920	17	231
9	华夏出版社	3538	129	27
10	商务印书馆	3255	38	86
11	上海译文出版社	3223	15	215
12	中国人民大学出版社	2595	92	28
13	生活·读书·新知三联书店	2207	—	—
14	山东教育出版社	2075	11	189
15	科学出版社	2012	82	25
16	国际文化出版公司	1816	4	454
17	中国建筑工业出版社	1807	1	1807
18	清华大学出版社	1763	97	18
19	新华出版社	1575	41	38
20	教育科学出版社	1464	32	46
21	九州出版社	1425	77	19
22	中国社会科学出版社	1417	26	55
23	辽宁人民出版社	1338	10	134
24	暨南大学出版社	1308	18	73
25	吉林人民出版社	1106	42	26
26	人民邮电出版社	1077	178	6

续表

排序	出版社	学科被引频次/次	出版册数/种	册均被引频次/次
27	江苏教育出版社	957	11	87
28	浙江人民出版社	950	47	20
29	湖南文艺出版社	890	94	9
30	长春出版社	867	4	217
31	广东高等教育出版社	836	9	93
32	光明日报出版社	823	126	7
33	同济大学出版社	813	1	813
34	云南人民出版社	766	16	48
35	吉林教育出版社	746	4	187
36	安徽人民出版社	743	57	13
37	华中师范大学出版社	723	24	30
38	人民出版社	709	20	35
39	改革出版社	708	—	—
40	作家出版社	698	10	70
41	陕西师范大学出版社	695	—	—
42	南京师范大学出版社	691	3	230
43	浙江大学出版社	678	61	11
44	贵州人民出版社	665	19	35
45	湖北教育出版社	647	15	43
46	人民卫生出版社	628	36	17
47	机械工业出版社	627	141	4
48	山东人民出版社	535	31	17
49	社会科学文献出版社	513	13	39
50	黑龙江人民出版社	512	4	128

注：①因部分出版社的出版册数及册均被引频次数据缺失，表中以"—"表示，只显示其学科被引频次指标；②计算册均被引频次指标时四舍五入取整数。

从表5-9可以看出，在心理学领域出版社的学科被引频次指标排序中，位居前五名的出版社依次为北京师范大学出版社、华东师范大学出版社、人民教育出版社、浙江教育出版社、上海教育出版社，均为师范类院校出版社或教育类出版社。这说明，心理学与教育学之间存在着较为密切的学科关系，心理学领域的大量论文参考引用了教育类出版社出版的学术图书，2007~2011年的实证结果也反映了类似的现象。

为了从整体上对比前后两次实证结果的学科被引频次指标变化情况与相关程度，我们采用 SPSS 软件对 2007~2011 年实证的学科被引与 2012~2016 年实证的学科被引情况进行了相关性分析。对分析样本数量的选取，主要依据前后两次实证展示出的分学科高被引出版社名单交集的数量，将心理学学科出版社的相关分析 N 值设为 39，最后得到两个五年的学科被引频次相关性系数，如表 5-10 所示。

表 5-10　心理学学科出版社的学科被引频次指标相关性

项目		学科被引频次 （2007~2011 年）	学科被引频次 （2012~2016 年）
学科被引频次 （2007~2011 年）	spearman 相关系数	1.000	0.756**
	显著性（双尾）	.	0.000
	N	39	39
学科被引频次 （2012~2016 年）	spearman 相关系数	0.756**	1.000
	显著性（双尾）	0.000	.
	N	39	39

**相关性在 0.01 水平上显著（双尾）。

如表 5-10 所示，心理学学科出版社的学科被引频次指标在两次实证结果中呈现中度相关并接近高度相关，相关性系数为 0.756。这说明，心理学学科兼具有自然科学与社会科学的学科属性，前后两次实证的数据来源与指标测度从不同侧面反映了出版社的引文特征与引证规律，学科被引频次指标具有一定的稳定性，二者在实际应用时可以互相参考。

4. 宗教学学科

我们按照出版社的学科被引频次排序，计算 h 指数核心区，选出宗教学学科领域的高被引出版社 118 家，并统计这些出版社的出版册数、册均被引频次指标数值。然后，从中选出前 50 家高被引出版社，列表展示其学科被引频次、出版册数、册均被引频次指标数值，见表 5-11。

表 5-11　宗教学学科高被引出版社的指标数值（2012~2016 年）

排序	出版社	学科被引频次/次	出版册数/种	册均被引频次/次
1	中华书局	11 622	119	98
2	中国社会科学出版社	10 443	182	57
3	上海人民出版社	9 642	67	144
4	宗教文化出版社	6 151	546	11

续表

排序	出版社	学科被引频次/次	出版册数/种	册均被引频次/次
5	上海古籍出版社	4 712	88	54
6	中国人民大学出版社	3 982	22	181
7	北京大学出版社	3 746	22	170
8	商务印书馆	3 667	95	39
9	生活·读书·新知三联书店	3 565	—	—
10	社会科学文献出版社	3 525	134	26
11	四川人民出版社	3 335	21	159
12	江苏人民出版社	2 614	38	69
13	广西师范大学出版社	2 531	38	67
14	文物出版社	2 238	39	57
15	宁夏人民出版社	2 198	34	65
16	华夏出版社	2 153	48	45
17	人民出版社	1 993	52	38
18	东方出版社	1 812	175	10
19	民族出版社	1 725	168	10
20	巴蜀书社	1 683	63	27
21	中国藏学出版社	1 250	96	13
22	中央民族大学出版社	1 190	15	79
23	天津人民出版社	1 009	10	101
24	上海辞书出版社	979	14	70
25	大众文艺出版社	969	—	—
26	浙江人民出版社	964	26	37
27	陕西师范大学出版社	953	—	—
28	上海文艺出版社	952	—	—
29	复旦大学出版社	901	41	22
30	齐鲁书社	862	40	22
31	福建人民出版社	828	5	166
32	上海社会科学院出版社	824	24	34
33	中央编译出版社	702	50	14
34	学苑出版社	696	9	77
35	学林出版社	666	8	83
36	西藏人民出版社	655	150	4
37	青海人民出版社	634	33	19
38	甘肃民族出版社	586	86	7

续表

排序	出版社	学科被引频次/次	出版册数/种	册均被引频次/次
39	云南人民出版社	582	16	36
40	重庆出版社	579	14	41
41	上海书店出版社	569	11	52
42	武汉大学出版社	555	9	62
43	甘肃人民出版社	549	18	31
44	大象出版社	548	19	29
45	华东师范大学出版社	500	60	8
46	南京大学出版社	488	15	33
47	山东大学出版社	473	11	43
48	光明日报出版社	469	13	36
49	中州古籍出版社	443	81	5
50	团结出版社	428	46	9

注：①因部分出版社的出版册数及册均被引频次数据缺失，表中以"—"表示，只显示其学科被引频次指标；②计算册均被引频次指标时四舍五入取整数。

从表 5-11 可以看出，在宗教学领域出版社的学科被引频次指标排序中，位居前五名的出版社依次为中华书局、中国社会科学出版社、上海人民出版社、宗教文化出版社、上海古籍出版社。在 2007~2011 年的实证中，宗教学领域出版社学科被引频次前五名依次为中华书局、上海古籍出版社、商务印书馆、中国社会科学出版社、上海人民出版社。由此可见，两次实证分析结果都揭示出了该学科领域影响较大的几家重要出版社，但前后两个五年的学科被引频次指标起伏变化仍然很明显。

为了从整体上对比前后两次实证结果的学科被引频次指标变化情况与相关程度，我们采用 SPSS 软件对 2007~2011 年实证的学科被引与 2012~2016 年实证的学科被引情况进行了相关性分析。对分析样本数量的选取，主要依据前后两次实证展示出的分学科高被引出版社名单交集的数量，将心理学学科出版社的相关分析 N 值设为 66，最后得到两个五年的学科被引频次相关性系数，如表 5-12 所示。

表 5-12 宗教学学科出版社的学科被引频次指标相关性

项目		学科被引频次 （2007~2011 年）	学科被引频次 （2012~2016 年）
学科被引频次 （2007~2011 年）	spearman 相关系数	1.000	0.787**
	显著性（双尾）	.	0.000
	N	66	66

续表

项目		学科被引频次 （2007～2011 年）	学科被引频次 （2012～2016 年）
学科被引频次 （2012～2016 年）	spearman 相关系数	0.787**	1.000
	显著性（双尾）	0.000	.
	N	66	66

**相关性在 0.01 水平上显著（双尾）。

如表 5-12 所示，宗教学学科出版社的学科被引频次指标在两次实证结果中呈现显著性中度相关，并接近高度相关，相关性系数为 0.787。这说明，前后两次实证的指标测度从不同侧面反映了出版社的引文特征与引证规律，二者在实际应用时可以互相参考，以防止使用单一指标带来偏差。同时，这也反映出宗教学学科出版社的被引学术影响力在不同的时间段和数据源中具有一定的持久性与稳定性。

5. 人口学与计划生育学科

我们按照出版社的学科被引频次排序，计算 h 指数核心区，选出人口与计划生育领域的高被引出版社 53 家，并统计这些出版社的出版册数、册均被引频次指标数值。然后，从中选出前 50 家高被引出版社，列表展示其学科被引频次、出版册数、册均被引频次指标数值，见表 5-13。

表 5-13 人口学与计划生育学科高被引出版社的指标数值（2012～2016 年）

排序	出版社	学科被引频次/次	出版册数/种	册均被引频次/次
1	社会科学文献出版社	1500	47	32
2	中国人口出版社	1485	105	14
3	复旦大学出版社	1329	6	222
4	中国统计出版社	1155	146	8
5	北京大学出版社	1071	1	1071
6	人民出版社	775	12	65
7	商务印书馆	769	4	192
8	中国人民大学出版社	623	5	125
9	华东师范大学出版社	605	3	202
10	科学出版社	546	12	46
11	中国社会科学出版社	415	35	12
12	上海人民出版社	310	—	—

续表

排序	出版社	学科被引频次/次	出版册数/种	册均被引频次/次
13	中国经济出版社	287	3	96
14	清华大学出版社	278	2	139
15	生活·读书·新知三联书店	272	—	—
16	武汉大学出版社	251	12	21
17	黑龙江人民出版社	231	2	116
18	山东人民出版社	230	3	77
19	西南财经大学出版社	219	6	37
20	吉林大学出版社	197	2	99
21	中央编译出版社	191	3	64
22	中国财政经济出版社	185	1	185
23	浙江人民出版社	176	2	88
23	中国大百科全书出版社	176	1	176
25	华夏出版社	164	3	55
25	民族出版社	164	4	41
25	首都经济贸易大学出版社	164	1	164
28	河南人民出版社	142	11	13
28	华龄出版社	142	12	12
30	安徽人民出版社	140	2	70
31	东南大学出版社	127	—	—
31	上海社会科学院出版社	127	3	42
33	江苏人民出版社	119	3	40
34	福建人民出版社	117	—	—
35	上海财经大学出版社	95	—	—
36	山西人民出版社	92	2	46
37	上海译文出版社	87	1	87
38	广西人民出版社	85	1	85
39	北京师范大学出版社	84	1	84
40	人民教育出版社	74	—	—
40	四川大学出版社	74	—	—
40	武汉出版社	74	3	25
40	中国社会出版社	74	4	19
44	学林出版社	73	—	—
45	天津人民出版社	72	—	—

续表

排序	出版社	学科被引频次/次	出版册数/种	册均被引频次/次
46	中国政法大学出版社	70	—	—
47	四川人民出版社	67	9	7
48	新疆人民出版社	66	—	0
49	北京出版社	60	1	60
49	改革出版社	60	—	—

注：①因部分出版社的出版册数及册均被引频次数据缺失，表中以"—"表示，只显示其学科被引频次指标；②计算册均被引频次指标时四舍五入取整数。

从表5-13可以看出，在2012～2016年人口学与计划生育领域出版社的学科被引频次指标排序中，位居前五名的出版社依次为社会科学文献出版社、中国人口出版社、复旦大学出版社、中国统计出版社与北京大学出版社。在2007～2011年的实证中，人口学学科出版社的学科被引频次指标排序前六名的出版社依次为中国人口出版社、中国统计出版社、社会科学文献出版社、人民出版社、商务印书馆、北京大学出版社。通过前后对比可知，两次实证结果从不同时间段与数据源揭示了该学科领域影响较大的重要出版社，二者具有较好的一致性，但前几名出版社的排序仍然略有起伏。

为了从整体上对比前后两次实证结果的学科被引频次指标变化情况与相关程度，我们采用SPSS软件对2007～2011年实证的学科被引与2012～2016年实证的学科被引情况进行了相关性分析。对分析样本数量的选取，主要依据前后两次实证展示出的分学科高被引出版社名单交集的数量，将人口与计划生育学科领域出版社的相关分析N值设为26，最后得到两个五年的学科被引频次相关性系数，如表5-14所示。

表5-14　人口学与计划生育学科出版社的学科被引频次指标相关性

项目		学科被引频次（2007～2011年）	学科被引频次（2012～2016年）
学科被引频次（2007～2011年）	spearman相关系数	1.000	0.706**
	显著性（双尾）	.	0.000
	N	26	26
学科被引频次（2012～2016年）	spearman相关系数	0.706**	1.000
	显著性（双尾）	0.000	.
	N	26	26

**相关性在0.01水平上显著（双尾）。

如表 5-14 所示，人口学与计划生育领域出版社的学科被引频次指标在两次实证结果中呈现出显著性中度相关，相关性系数为 0.706。这说明，虽然前后两次实证的学科归类略有不同，但实证结果仍具有较好的一致性，指标测度从不同侧面反映了出版社的引文特征与引证规律，因此二者在实际应用时可以互相参考。

6. 民族学学科

我们按照出版社的学科被引频次排序，计算 h 指数核心区，选出民族学领域的高被引出版社 100 家，并统计这些出版社的出版册数、册均被引频次指标数值。然后，从中选出前 50 家高被引出版社，列表展示其学科被引频次、出版册数、册均被引频次指标数值，见表 5-15。

表 5-15 民族学学科高被引出版社的指标数值（2012～2016 年）

排序	出版社	学科被引频次/次	出版册数/种	册均被引频次/次
1	民族出版社	10 291	141	73
2	中央民族大学出版社	4 140	51	81
3	中国社会科学出版社	2 701	73	37
4	云南人民出版社	2 697	147	18
5	云南民族出版社	2 675	136	20
6	中华书局	2 459	9	273
7	上海人民出版社	2 136	13	164
8	人民出版社	1 844	29	64
9	四川民族出版社	1 764	40	44
10	云南大学出版社	1 745	61	29
11	贵州民族出版社	1 731	40	43
12	社会科学文献出版社	1 702	51	33
13	广西师范大学出版社	1 468	13	113
14	北京大学出版社	1 444	4	361
15	内蒙古人民出版社	1 432	80	18
16	商务印书馆	1 406	11	128
17	宁夏人民出版社	1 400	39	36
18	中国人民大学出版社	1 164	9	129
19	辽宁民族出版社	1 115	121	9
20	贵州人民出版社	1 066	17	63
21	新疆人民出版社	992	59	17

续表

排序	出版社	学科被引频次/次	出版册数/种	册均被引频次/次
22	中国藏学出版社	907	25	36
23	广西民族出版社	866	25	35
24	黑龙江人民出版社	865	18	48
25	广西人民出版社	848	21	40
26	生活·读书·新知三联书店	649	—	—
27	内蒙古大学出版社	623	26	24
28	云南教育出版社	620	9	69
29	四川人民出版社	601	3	200
30	青海人民出版社	596	12	50
31	西藏人民出版社	569	29	20
32	陕西师范大学出版社	476	—	—
33	上海古籍出版社	462	11	42
33	中国戏剧出版社	462	4	116
35	上海文艺出版社	441	—	—
36	南京大学出版社	422	6	70
37	学林出版社	398	—	—
38	湖南人民出版社	395	4	99
39	陕西人民出版社	383	3	128
40	广东人民出版社	377	18	21
41	甘肃人民出版社	374	12	31
42	中山大学出版社	373	3	124
43	甘肃教育出版社	345	1	345
44	上海文化出版社	335	—	—
45	译林出版社	324	7	46
46	江苏教育出版社	312	—	—
46	上海书店出版社	312	1	312
48	重庆大学出版社	311	2	156
49	吉林教育出版社	309	2	155
50	甘肃民族出版社	305	48	6

注：①因部分出版社的出版册数及册均被引频次数据缺失，表中以"—"表示，只显示其学科被引频次指标；②计算册均被引频次指标时四舍五入取整数。

从表5-15可以看出，民族学学科出版社的学科被引频次指标排序的前五名依次为民族出版社、中央民族大学出版社、中国社会科学出版社、云南人民出版社、云南民族出版社。在2007~2011年的实证中，民族学学科出版社的学科被引频次统计结果排序前五名依次为民族出版社、人民出版社、中华书局、中央民族大学出版社、商务印书馆。通过前后对比可知，两次实证从不同时间段与数据源揭示了该学科领域影响较大的重要出版社，但前几名出版社的排序变化仍然较为明显。

为了从整体上对比前后两次实证结果的学科被引频次指标变化情况与相关程度，我们采用SPSS软件对2007~2011年实证的学科被引与2012~2016年实证的学科被引情况进行了相关性分析。对分析样本数量的选取，主要依据前后两次实证展示出的分学科高被引出版社名单交集的数量，将民族学学科出版社的相关分析N值设为40，最后得到两个五年的学科被引频次相关性系数，如表5-16所示。

表5-16 民族学学科出版社的学科被引频次指标相关性

项目		学科被引频次 （2007~2011年）	学科被引频次 （2012~2016年）
学科被引频次 （2007~2011年）	spearman相关系数	1.000	0.778[**]
	显著性（双尾）	.	0.000
	N	40	40
学科被引频次 （2012~2016年）	spearman相关系数	0.778[**]	1.000
	显著性（双尾）	0.000	.
	N	40	40

**相关性在0.01水平上显著（双尾）。

如表5-16所示，民族学学科出版社的学科被引频次指标在两个五年的指标表现呈现出显著性中度相关，并接近高度相关，相关性系数为0.778。这说明，前后两次实证的指标测度从不同侧面反映了出版社的引文特征与引证规律，二者在实际应用时可以互相参考。同时，这也反映出民族学学科出版社的被引学术影响力具有较好的持续性与稳定性。

7. 政治学学科

我们按照出版社的学科被引频次排序，计算h指数核心区，选出政治学领域的高被引出版社119家，并统计这些出版社的出版册数、册均被引频次指标数值。然后，从中选出前50家高被引出版社，列表展示其学科被引频次、出版册数、册均被引频次指标数值,见表 5-17。

表 5-17 政治学学科高被引出版社的指标数值(2012～2016 年)

排序	出版社	学科被引频次/次	出版册数/种	册均被引频次/次
1	商务印书馆	42 992	43	1000
2	中国人民大学出版社	38 612	224	172
3	上海人民出版社	14 791	75	197
4	社会科学文献出版社	14 095	94	150
5	北京大学出版社	13 186	55	240
6	中国社会科学出版社	12 854	116	111
7	生活·读书·新知三联书店	10 658	—	—
8	华夏出版社	9 445	14	675
9	中央编译出版社	7 504	56	134
10	江苏人民出版社	7 115	32	222
11	人民出版社	6 158	56	110
12	译林出版社	5 450	43	127
13	吉林人民出版社	4 710	10	471
14	复旦大学出版社	4 371	22	199
15	中国政法大学出版社	4 144	123	34
16	山东人民出版社	3 586	15	239
17	上海译文出版社	3 521	9	391
18	东方出版社	3 461	13	266
19	中共中央党校出版社	2 722	21	130
20	武汉大学出版社	2 661	29	92
21	天津人民出版社	2 645	22	120
22	南京大学出版社	1 950	19	103
23	清华大学出版社	1 872	46	41
24	中山大学出版社	1 866	8	233
25	中华书局	1 751	16	109
26	法律出版社	1 727	20	86
27	浙江人民出版社	1 671	4	418
28	中国青年出版总社	1 306	3	435
29	新星出版社	1 278	2	639
30	重庆出版社	1 251	6	209
31	山东大学出版社	1 235	2	618

续表

排序	出版社	学科被引频次/次	出版册数/种	册均被引频次/次
32	广西师范大学出版社	1 199	15	80
33	黑龙江人民出版社	1 193	8	149
34	吉林出版集团有限责任公司	1 188	16	74
35	四川人民出版社	1 080	—	—
36	中国人民公安大学出版社	1 046	76	14
37	华东师范大学出版社	996	20	50
38	辽宁教育出版社	992	1	992
39	陕西人民出版社	985	6	164
40	贵州人民出版社	983	—	—
41	中国经济出版社	975	6	163
42	南开大学出版社	913	1	913
43	浙江大学出版社	869	15	58
44	湖南人民出版社	851	11	77
45	学林出版社	841	10	84
46	科学出版社	759	25	30
47	中国大百科全书出版社	733	—	—
48	经济科学出版社	723	24	30
49	国家行政学院出版社	642	40	16
50	新华出版社	638	10	64

注：①因部分出版社的出版册数及册均被引频次数据缺失，表中以"—"表示，只显示其学科被引频次指标；②计算册均被引频次指标时四舍五入取整数。

从表 5-17 可以看出，政治学学科出版社的学科被引频次指标前八名依次为商务印书馆、中国人民大学出版社、上海人民出版社、社会科学文献出版社、北京大学出版社、中国社会科学出版社、生活·读书·新知三联书店、华夏出版社。在 2007～2011 年的实证中，政治学学科出版社的学科被引频次指标前八名依次为人民出版社、商务印书馆、生活·读书·新知三联书店、上海人民出版社、中国人民大学出版社、中国社会科学出版社、社会科学文献出版社、北京大学出版社。我们通过前后两个五年的对比发现，人民出版社的学科被引频次指标排序由第一位下降至第十一位，变化较明显，其他前十名出版社的指标排序则变化不大；这两次实证从不同时间段与数据源均揭示出了该学科领域影响较大的重要出版社。

为了从整体上对比前后两次实证结果的学科被引频次指标变化情况与相关

程度，我们采用 SPSS 软件对 2007~2011 年实证的学科被引与 2012~2016 年实证的学科被引情况进行了相关性分析。对分析样本数量的选取，主要依据前后两次实证展示出的分学科高被引出版社名单交集的数量，将政治学学科出版社的相关分析 N 值设为 133，最后得到两个五年的学科被引频次相关性系数，如表 5-18 所示。

表 5-18　政治学学科出版社的学科被引频次指标相关性

项目		学科被引频次 （2007~2011 年）	学科被引频次 （2012~2016 年）
学科被引频次 （2007~2011 年）	spearman 相关系数	1.000	0.673**
	显著性（双尾）	.	0.000
	N	133	133
学科被引频次 （2012~2016 年）	spearman 相关系数	0.673**	1.000
	显著性（双尾）	0.000	.
	N	133	133

**相关性在 0.01 水平上显著（双尾）。

如表 5-18 所示，政治学学科出版社的学科被引频次指标在两个五年的指标表现呈现出显著性中度相关，相关性系数为 0.673。这说明，前后两次实证的指标测度从不同的数据源与时间段反映了出版社的引文特征与引证规律，二者在实际应用时可以互相参考，以防止使用单一指标带来偏差。

8. 军事学学科

我们按照出版社的学科被引频次排序，计算 h 指数核心区，选出军事学领域的高被引出版社 58 家，并统计这些出版社的出版册数、册均被引频次指标数值。然后，从中选出前 50 家高被引出版社，列表展示其学科被引频次、出版册数、册均被引频次指标数值，见表 5-19。

表 5-19　军事学学科高被引出版社的指标数值（2012~2016 年）

排序	出版社	学科被引频次/次	出版册数/种	册均被引频次/次
1	军事科学出版社	3133	184	17
2	国防工业出版社	1916	188	10
3	国防大学出版社	1710	222	8
4	中华书局	1326	24	55
5	海洋出版社	707	44	16

续表

排序	出版社	学科被引频次/次	出版册数/种	册均被引频次/次
6	上海人民出版社	562	19	30
7	人民出版社	522	53	10
8	中国社会科学出版社	503	17	30
9	广西师范大学出版社	456	16	29
10	中国人民大学出版社	378	15	25
11	商务印书馆	329	10	33
12	社会科学文献出版社	300	43	7
13	中国言实出版社	263	12	22
14	上海古籍出版社	247	13	19
15	世界知识出版社	233	16	15
16	法律出版社	219	17	13
17	生活·读书·新知三联书店	204	—	—
18	时事出版社	203	28	7
19	新华出版社	197	33	6
20	岳麓书社	191	14	14
21	吉林人民出版社	165	15	11
22	科学出版社	157	11	14
23	辽宁民族出版社	150	2	75
24	中央文献出版社	147	18	8
25	北京大学出版社	139	11	13
26	河北人民出版社	130	10	13
27	陕西人民出版社	124	15	8
28	京华出版社	118	—	—
28	军事谊文出版社	118	30	4
30	广东人民出版社	108	13	8
31	辽宁人民出版社	98	9	11
32	大象出版社	96	8	12
33	经济科学出版社	95	11	9
34	中国文史出版社	89	36	2
35	中共党史出版社	88	56	2
35	中共中央党校出版社	88	15	6
37	江西人民出版社	85	12	7

续表

排序	出版社	学科被引频次/次	出版册数/种	册均被引频次/次
38	电子工业出版社	81	38	2
39	中国轻工业出版社	77	2	39
40	天津人民出版社	75	6	13
41	广西人民出版社	74	29	3
41	贵州人民出版社	74	7	11
43	当代中国出版社	72	8	9
43	吉林文史出版社	72	29	2
45	浙江大学出版社	71	11	6
46	人民体育出版社	70	—	—
46	山西人民出版社	70	15	5
48	中国大百科全书出版社	69	27	3
49	民族出版社	68	3	23
49	山东人民出版社	68	11	6

注：①因部分出版社的出版册数及册均被引频次数据缺失，表中以"—"表示，只显示其学科被引频次指标；②计算册均被引频次指标时四舍五入取整数。

从表 5-19 可以看出，在军事学学科出版社的学科被引频次指标排序中，前五名依次为军事科学出版社、国防工业出版社、国防大学出版社、中华书局、海洋出版社。2007~2011 年的实证结果显示，军事学学科出版社的学科被引频次指标排序前五名依次为人民出版社、军事科学出版社、中华书局、商务印书馆、国防大学出版社。我们通过前后两个五年的对比发现，前几名出版社的前后排序变化较大。其中，人民出版社的学科被引频次指标排序下降尤其明显，这说明军事学学科出版社的被引指标受人文社科施引文献的影响较大。

为了从整体上对比前后两次实证结果的学科被引频次指标变化情况与相关程度，我们采用 SPSS 软件对 2007~2011 年实证的学科被引与 2012~2016 年实证的学科被引情况进行了相关性分析。对分析样本数量的选取，主要依据前后两次实证展示出的分学科高被引出版社名单交集的数量，将军事学学科出版社的相关分析 N 值设为 27，最后得到两个五年的学科被引频次相关性系数，如表 5-20 所示。

表 5-20　军事学学科出版社的学科被引频次指标相关性

项目		学科被引频次（2007~2011 年）	学科被引频次（2012~2016 年）
学科被引频次（2007~2011 年）	spearman 相关系数	1.000	0.629**
	显著性（双尾）	.	0.000
	N	27	27
学科被引频次（2012~2016 年）	spearman 相关系数	0.629**	1.000
	显著性（双尾）	0.000	.
	N	27	27

**相关性在 0.01 水平上显著（双尾）。

如表 5-20 所示，军事学学科出版社的学科被引频次指标在两个五年的指标表现呈现出显著性中度相关，相关性系数为 0.629。这说明，前后两次实证的指标测度从不同侧面反映了出版社的引文特征与引证规律，二者在实际应用时可以互相参考，以防止使用单一指标带来偏差。

9. 新闻与传媒学科

我们按照出版社的学科被引频次排序，计算 h 指数核心区，选出新闻与传媒领域的高被引出版社 114 家，并统计这些出版社的出版册数、册均被引频次指标数值。然后，从中选出前 50 家高被引出版社，列表展示其学科被引频次、出版册数、册均被引频次指标数值，见表 5-21。

表 5-21　新闻与传媒学科高被引出版社的指标数值（2012~2016 年）

排序	出版社	学科被引频次/次	出版册数/种	册均被引频次/次
1	中国人民大学出版社	26 929	102	264
2	新华出版社	14 743	69	214
3	复旦大学出版社	13 193	62	213
4	清华大学出版社	12 763	151	85
5	中国传媒大学出版社	12 249	358	34
6	华夏出版社	9 570	3	3190
7	中国广播影视出版社	9 114	128	71
8	商务印书馆	6 226	10	623
9	北京大学出版社	5 943	76	78
10	武汉大学出版社	3 898	62	63
11	中国社会科学出版社	3 669	116	32
12	社会科学文献出版社	3 434	110	31

续表

排序	出版社	学科被引频次/次	出版册数/种	册均被引频次/次
13	南京大学出版社	3 328	49	68
14	浙江大学出版社	3 135	62	51
15	南方日报出版社	3 075	58	53
16	上海译文出版社	2 350	6	392
17	人民出版社	2 263	54	42
18	上海交通大学出版社	2 228	74	30
19	科学出版社	2 099	45	47
20	上海人民出版社	1 733	17	102
21	人民日报出版社	1 632	116	14
22	中央编译出版社	1 621	11	147
23	江苏人民出版社	1 520	14	109
24	四川大学出版社	1 408	49	29
25	福建人民出版社	1 361	4	340
26	北京师范大学出版社	1 346	37	36
27	暨南大学出版社	1 141	59	19
28	电子工业出版社	1 054	77	14
29	译林出版社	999	2	500
30	四川人民出版社	996	10	100
31	华中科技大学出版社	965	39	25
32	河南人民出版社	907	9	101
33	机械工业出版社	900	30	30
34	天津人民出版社	802	9	89
35	生活·读书·新知三联书店	775	—	—
36	苏州大学出版社	771	9	86
37	广西师范大学出版社	737	21	35
38	中国国际广播出版社	711	38	19
39	辽宁教育出版社	611	5	122
40	中国书籍出版社	584	49	12
41	学林出版社	562	2	281
42	经济管理出版社	541	9	60
43	重庆出版社	525	6	88
44	上海社会科学院出版社	513	11	47
45	山东人民出版社	479	19	25

续表

排序	出版社	学科被引频次/次	出版册数/种	册均被引频次/次
46	湖南师范大学出版社	472	6	79
46	中山大学出版社	472	18	26
48	经济日报出版社	466	15	31
49	岳麓书社	453	2	227
50	山西人民出版社	415	9	46

注：①因部分出版社的出版册数及册均被引频次数据缺失，表中以"—"表示，只显示其学科被引频次指标；②计算册均被引频次指标时四舍五入取整数。

从表 5-21 可以看出，在新闻与传媒学科出版社的学科被引频次指标排序中，前八名依次为中国人民大学出版社、新华出版社、复旦大学出版社、清华大学出版社、中国传媒大学出版社、华夏出版社、中国广播影视出版社、商务印书馆。在 2007~2011 年的实证中，新闻与传播学学科出版社的学科被引频次指标前八名依次为中国人民大学出版社、商务印书馆、新华出版社、人民出版社、北京大学出版社、生活·读书·新知三联书店、华夏出版社、中国传媒大学出版社。我们通过对比可知，中国人民大学出版社、新华出版社、中国传媒大学出版社等仍然保持了名列前茅的优势，但个别出版社的指标排序出现了一定的升降变化。

为了从整体上对比前后两次实证结果的学科被引频次指标变化情况与相关程度，我们采用 SPSS 软件对 2007~2011 年实证的学科被引与 2012~2016 年实证的学科被引情况进行了相关性分析。对分析样本数量的选取，主要依据前后两次实证展示出的分学科高被引出版社名单交集的数量，将新闻与传媒学科出版社的相关分析 N 值设为 74，最后得到两个五年的学科被引频次相关性系数，如表 5-22 所示。

表 5-22　新闻与传媒学科出版社的学科被引频次指标相关性

项目		学科被引频次 （2007~2011 年）	学科被引频次 （2012~2016 年）
学科被引频次 （2007~2011 年）	spearman 相关系数	1.000	0.598**
	显著性（双尾）	.	0.000
	N	74	74
学科被引频次 （2012~2016 年）	spearman 相关系数	0.598**	1.000
	显著性（双尾）	0.000	.
	N	74	74

**相关性在 0.01 水平上显著（双尾）。

如表 5-22 所示,新闻与传媒学科出版社的学科被引频次指标在两个五年的指标表现呈现出显著性中度相关,相关性系数为 0.598。这说明,前后两次实证的指标测度各有侧重,分别从不同时间段与数据源角度反映了出版社的引文特征与引证规律,二者在实际应用时可以互相参考。

10. 文化学学科

我们按照出版社的学科被引频次排序,计算 h 指数核心区,选出文化学的高被引出版社 112 家,并统计这些出版社的出版册数、册均被引频次指标数值。然后,从中选出前 50 家高被引出版社,列表展示其学科被引频次、出版册数、册均被引频次指标数值,见表 5-23。

表 5-23　文化学学科高被引出版社的指标数值(2012～2016 年)

排序	出版社	学科被引频次/次	出版册数/种	册均被引频次/次
1	北京大学出版社	7711	74	104
2	广西师范大学出版社	5935	30	198
3	中国社会科学出版社	5321	101	53
4	上海人民出版社	4793	54	89
5	生活·读书·新知三联书店	4258	—	—
6	南京大学出版社	4198	28	150
7	社会科学文献出版社	4046	219	18
8	中国人民大学出版社	3940	31	127
9	人民出版社	3741	57	66
10	中央编译出版社	3470	17	204
11	外语教学与研究出版社	3398	13	261
12	商务印书馆	2984	19	157
13	江苏人民出版社	1826	32	57
14	上海文艺出版社	1379	5	276
15	复旦大学出版社	1319	14	94
16	中国经济出版社	1295	16	81
17	译林出版社	1274	16	80
18	学林出版社	1026	6	171
19	广东人民出版社	970	19	51
20	浙江人民出版社	823	9	91
21	陕西师范大学出版社	802	—	—

续表

排序	出版社	学科被引频次/次	出版册数/种	册均被引频次/次
22	云南人民出版社	795	45	18
23	浙江大学出版社	766	51	15
24	文化艺术出版社	696	20	35
25	云南大学出版社	679	37	18
26	北京师范大学出版社	662	17	39
27	吉林人民出版社	655	14	47
28	河南大学出版社	649	8	81
29	新华出版社	636	26	24
30	湖南人民出版社	625	29	22
31	东方出版社	583	7	83
32	上海文化出版社	577	3	192
33	清华大学出版社	567	39	15
34	中华书局	554	7	79
35	贵州人民出版社	542	14	39
36	湖北教育出版社	529	1	529
37	中国传媒大学出版社	513	25	21
38	福建人民出版社	510	16	32
39	黑龙江人民出版社	506	17	30
40	中国和平出版社	444	—	—
41	民族出版社	443	8	55
42	上海外语教育出版社	423	18	24
43	经济科学出版社	415	35	12
44	华中师范大学出版社	401	8	50
44	山东大学出版社	401	13	31
46	山东人民出版社	395	22	18
47	天津人民出版社	391	7	56
48	华东师范大学出版社	387	14	28
49	首都经济贸易大学出版社	384	7	55
50	教育科学出版社	372	7	53

注：①因部分出版社的出版册数及册均被引频次数据缺失，表中以"—"表示，只显示其学科被引频次指标；②计算册均被引频次指标时四舍五入取整数。

从表5-23可以看出，文化学学科出版社的学科被引频次指标前五名依次为北京大学出版社、广西师范大学出版社、中国社会科学出版社、上海人民出版社、生活·读书·新知三联书店。在2007~2011年的实证中,文化学学科出版社的学科被引频次指标前六名排序依次为人民出版社、社会科学文献出版社、中国人民大学出版社、中国社会科学出版社、商务印书馆、生活·读书·新知三联书店。通过对比可知,中国社会科学出版社、生活·读书·新知三联书店、社会科学文献出版社、中国人民大学出版社仍然在文化学领域保持稳定的学术影响力,但其他出版社的学科被引频次指标排序出现了明显的升降变化。

为了从整体上对比前后两次实证结果的学科被引频次指标变化情况与相关程度,我们采用SPSS软件对2007~2011年实证的学科被引与2012~2016年实证的学科被引情况进行了相关性分析。对分析样本数量的选取,主要依据前后两次实证展示出的分学科高被引出版社名单交集的数量,但由于第一次实证的文化学学科高被引出版社核心区过小,这里将其调整扩大为该学科全部出版社,并取与第二次高被引出版社的交集数量58,作为文化学学科被引指标相关分析 N 值,最后得到两个五年的学科被引频次相关性系数,如表5-24所示。

表5-24 文化学学科出版社的学科被引频次指标相关性

项目		学科被引频次 (2007~2011年)	学科被引频次 (2012~2016年)
学科被引频次 (2007~2011年)	spearman相关系数	1.000	0.418**
	显著性(双尾)	.	0.001
	N	58	58
学科被引频次 (2012~2016年)	spearman相关系数	0.418**	1.000
	显著性(双尾)	0.001	.
	N	58	58

**相关性在0.01水平上显著(双尾)。

如表5-24所示,文化学学科出版社的学科被引频次指标在两个五年的数据表现在0.01水平上显著性低度相关,相关性系数为0.418。这说明,该学科出版社前后两次实证的指标测度各有侧重,从不同角度反映了出版社的引文特征与引证规律,在实际应用时可以互相参考,同时要注意数据来源与分类体系的差异。

11. 图书情报与数字图书馆学科

我们按照出版社的学科被引频次排序,计算 h 指数核心区,选出图书情报与数字图书馆领域的高被引出版社 64 家,并统计这些出版社的出版册数、册均被引频次指标数值。然后,从中选出前 50 家高被引出版社,列表展示其学科被引频次、出版册数、册均被引频次指标数值,见表 5-25。

表 5-25 图书情报与数字图书馆学科高被引出版社的指标数值(2012~2016 年)

排序	出版社	学科被引频次/次	出版册数/种	册均被引频次/次
1	中华书局	2449	25	98
2	武汉大学出版社	1904	49	39
3	上海古籍出版社	1764	20	88
4	科学出版社	1755	60	29
5	北京大学出版社	1275	31	41
6	科学技术文献出版社	1196	51	23
7	国家图书馆出版社	869	224	4
8	清华大学出版社	866	44	20
9	商务印书馆	644	7	92
10	电子工业出版社	567	27	21
11	上海科学技术文献出版社	566	32	18
12	华中师范大学出版社	428	10	43
13	广西师范大学出版社	370	10	37
14	海洋出版社	368	48	8
15	齐鲁书社	349	12	29
16	上海书店出版社	295	2	148
17	机械工业出版社	282	18	16
18	中山大学出版社	266	4	67
19	安徽大学出版社	257	—	—
20	华艺出版社	256	1	256
21	中国社会科学出版社	237	39	6
22	知识产权出版社	231	48	5
23	民族出版社	225	9	25
24	中国人民大学出版社	217	5	43
25	上海交通大学出版社	211	24	9
26	南开大学出版社	196	3	65
27	南京大学出版社	189	25	8
28	巴蜀书社	188	3	63
29	人民邮电出版社	176	31	6

续表

排序	出版社	学科被引频次/次	出版册数/种	册均被引频次/次
30	人民美术出版社	174	1	174
31	上海人民出版社	173	7	25
32	广陵书社	166	2	83
32	华东师范大学出版社	166	6	28
34	东南大学出版社	164	14	12
35	人民教育出版社	161	1	161
36	上海大学出版社	156	4	39
37	复旦大学出版社	150	8	19
37	陕西人民出版社	150	—	—
39	四川大学出版社	148	14	11
40	文物出版社	143	1	143
41	江西人民出版社	139	8	17
42	大象出版社	133	4	33
42	江苏教育出版社	133	1	133
44	辽宁人民出版社	132	4	33
45	北京出版社	116	7	17
45	上海远东出版社	116	16	7
47	学林出版社	115	—	—
48	上海社会科学院出版社	114	5	23
49	湖南大学出版社	112	2	56
49	中国书籍出版社	112	28	4

注：①因部分出版社的出版册数及册均被引频次数据缺失，表中以"—"表示，只显示其学科被引频次指标；②计算册均被引频次指标时四舍五入取整数。

从表 5-25 可以看出，图书情报与数字图书馆学科出版社的学科被引频次指标排序依次为中华书局、武汉大学出版社、上海古籍出版社、科学出版社、北京大学出版社、科学技术文献出版社、国家图书馆出版社、清华大学出版社等。对比 2007～2011 年的实证结果，图书馆、情报与文献学学科出版社的学科被引频次指标排序依次为中华书局、国家图书馆出版社、上海古籍出版社、武汉大学出版社、商务印书馆、北京大学出版社、科学出版社、科学技术文献出版社等。由此可知，中华书局在图书情报学科领域中一直发挥着强大的影响力，武汉大学出版社与科学出版社在 2012～2016 年进步较为明显，其他如国家图书馆出版社、上海古籍出版社、北京大学出版社等仍然保持名列前茅的优势，仅在指标排序上略有升降变化。

为了从整体上对比前后两次实证结果的学科被引频次指标变化情况与相关程度，我们采用 SPSS 软件对 2007～2011 年实证的学科被引与 2012～2016 年实证的学科被引情况进行了相关性分析。对分析样本数量的选取，主要依据前后两次实证展示出的分学科高被引出版社名单交集的数量，将图书情报与数字图书馆学科出版社的相关分析 N 值设为 68，最后得到两个五年的学科被引频次相关性系数，如表 5-26 所示。

表 5-26　图书情报与数字图书馆学科出版社的学科被引频次指标相关性

项目		学科被引频次 （2007～2011 年）	学科被引频次 （2012～2016 年）
学科被引频次 （2007～2011 年）	spearman 相关系数	1.000	0.618**
	显著性（双尾）	.	0.000
	N	68	68
学科被引频次 （2012～2016 年）	spearman 相关系数	0.618**	1.000
	显著性（双尾）	0.000	.
	N	68	68

**相关性在 0.01 水平上显著（双尾）。

如表 5-26 所示，图书情报与数字图书馆学科出版社的学科被引频次指标在两个五年的指标表现呈现出显著性中度相关，相关性系数为 0.618。这说明，前后两次实证的学科分类与指标测度各有侧重，从不同角度反映了出版社的引文特征与引证规律，同时也说明学科分类体系对指标测度结果影响很大，在实际应用时需要互相参考或建立学科对应关系，以防带来偏差。

12. 体育学学科

我们按照出版社的学科被引频次排序，计算 h 指数核心区，选出体育学学科高被引出版社 81 家，并统计这些出版社的出版册数、册均被引频次指标数值。然后，从中选出前 50 家高被引出版社，列表展示其学科被引频次、出版册数、册均被引频次指标数值，见表 5-27。

表 5-27　体育学学科高被引出版社的指标数值（2012～2016 年）

排序	出版社	学科被引频次/次	出版册数/种	册均被引频次/次
1	人民体育出版社	37 249	671	56
2	北京体育大学出版社	21 987	1 024	21

续表

排序	出版社	学科被引频次/次	出版册数/种	册均被引频次/次
3	清华大学出版社	1 205	95	13
4	广西师范大学出版社	1 197	50	24
5	华东师范大学出版社	1 150	45	26
6	复旦大学出版社	1 096	34	32
7	四川教育出版社	888	—	—
8	浙江教育出版社	666	21	32
9	北京师范大学出版社	560	60	9
10	浙江大学出版社	521	99	5
11	民族出版社	478	15	32
12	科学出版社	451	72	6
13	四川科学技术出版社	409	41	10
14	西南师范大学出版社	397	24	17
15	人民教育出版社	375	11	34
16	中国人民大学出版社	373	37	10
17	湖北人民出版社	361	18	20
18	社会科学文献出版社	336	31	11
19	中华书局	299	5	60
20	辽宁科学技术出版社	294	109	3
21	人民出版社	268	14	19
22	上海人民出版社	266	20	13
23	中国社会出版社	264	11	24
24	中国大百科全书出版社	254	13	20
25	湖北科学技术出版社	234	87	3
26	南京师范大学出版社	232	23	10
27	电子工业出版社	229	107	2
28	花城出版社	217	2	109
29	华中师范大学出版社	216	30	7
30	中山大学出版社	212	16	13
31	山东大学出版社	211	19	11
32	中国轻工业出版社	208	47	4
33	陕西人民出版社	202	30	7
34	湖南师范大学出版社	199	18	11
35	中央民族大学出版社	197	15	13

续表

排序	出版社	学科被引频次/次	出版册数/种	册均被引频次/次
36	中国传媒大学出版社	191	12	16
37	四川大学出版社	184	38	5
38	广东高等教育出版社	183	17	11
38	广东人民出版社	183	11	17
38	国防工业出版社	183	6	31
41	首都师范大学出版社	182	7	26
42	湖南大学出版社	176	10	18
43	华东理工大学出版社	168	2	84
44	中国书籍出版社	164	148	1
45	云南民族出版社	151	18	8
46	中国书店出版社	146	23	6
47	北京大学出版社	143	23	6
48	苏州大学出版社	137	43	3
49	光明日报出版社	135	287	0
50	海南出版社	134	8	17

注：①因部分出版社的出版册数及册均被引频次数据缺失，表中以"—"表示，只显示其学科被引频次指标；②计算册均被引频次指标时四舍五入取整数。

从表 5-27 可以看出，体育学学科出版社的学科被引频次指标前五名依次为人民体育出版社、北京体育大学出版社、清华大学出版社、广西师范大学出版社、华东师范大学出版社。在 2007~2011 年的实证中，体育学学科出版社的学科被引频次指标前五名依次为人民体育出版社、北京体育大学出版社、人民出版社、中国人民大学出版社、商务印书馆。我们通过对比可知，人民体育出版社与北京体育大学出版社作为体育学学科的专业出版社，10 年来一直发挥着最强的被引影响力，稳居该学科被引的前两名，而其他出版社的指标排序变化则较为明显。

为了从整体上对比前后两次实证结果的学科被引频次指标变化情况与相关程度，我们采用 SPSS 软件对 2007~2011 年实证的学科被引与 2012~2016 年实证的学科被引情况进行了相关性分析。对分析样本数量的选取，主要依据前后两次实证展示出的分学科高被引出版社名单交集的数量，将体育学学科出版社的相关分析 N 值设为 76，最后得到两个五年的学科被引频次相关性系数，如表 5-28 所示。

表 5-28　体育学学科出版社的学科被引频次指标相关性

项目		学科被引频次 （2007～2011 年）	学科被引频次 （2012～2016 年）
学科被引频次 （2007～2011 年）	spearman 相关系数	1.000	0.425**
	显著性（双尾）	.	0.000
	N	76	76
学科被引频次 （2012～2016 年）	spearman 相关系数	0.425**	1.000
	显著性（双尾）	0.000	.
	N	76	76

**相关性在 0.01 水平上显著（双尾）。

如表 5-28 所示，体育学学科出版社的学科被引频次指标在两个五年的指标表现呈现出显著性低度相关，相关性系数为 0.425。这说明，前后两次实证的指标测度各有侧重，从不同数据来源与分类体系角度反映了出版社的引文特征与引证规律，二者在实际应用时需要互相参考，以防止单一指标或单一数据源带来的结果偏差。

13. 考古学学科

我们按照出版社的学科被引频次排序，计算 h 指数核心区，选出考古学学科高被引出版社 102 家，并统计这些出版社的出版册数、册均被引频次指标数值。然后，从中选出前 50 家高被引出版社，列表展示其学科被引频次、出版册数、册均被引频次指标数值，见表 5-29。

表 5-29　考古学学科高被引出版社的指标数值（2012～2016 年）

排序	出版社	学科被引频次/次	出版册数/种	册均被引频次/次
1	文物出版社	26 623	443	60
2	中华书局	8 888	44	202
3	科学出版社	8 077	306	26
4	上海古籍出版社	6 840	126	54
5	生活・读书・新知三联书店	3 604	—	—
6	中国社会科学出版社	1 326	47	28
7	三秦出版社	1 293	86	15
8	上海书店出版社	1 287	19	68
9	北京大学出版社	1 179	23	51
10	广西师范大学出版社	1 068	73	15
11	上海人民出版社	1 048	22	48

续表

排序	出版社	学科被引频次/次	出版册数/种	册均被引频次/次
12	齐鲁书社	1 036	23	45
13	上海辞书出版社	1 017	21	48
14	甘肃人民出版社	957	21	46
15	巴蜀书社	912	26	35
16	四川辞书出版社	893	1	893
17	天津古籍出版社	834	13	64
18	湖北教育出版社	797	4	199
19	商务印书馆	744	21	35
20	甘肃教育出版社	741	19	39
21	陕西人民出版社	741	27	27
22	中国大百科全书出版社	734	92	8
23	重庆出版社	720	31	23
24	福建人民出版社	703	6	117
25	河北教育出版社	692	9	77
26	社会科学文献出版社	640	33	19
27	岳麓书社	615	25	25
28	上海人民美术出版社	607	4	152
29	陕西人民美术出版社	599	12	50
30	武汉大学出版社	574	18	32
31	人民美术出版社	549	14	39
32	大象出版社	532	41	13
33	中州古籍出版社	517	108	5
34	四川人民出版社	511	11	46
35	新疆人民出版社	494	24	21
36	人民出版社	477	8	60
37	四川大学出版社	471	7	67
38	云南人民出版社	467	30	16
39	上海文化出版社	457	5	91
40	西藏人民出版社	454	11	41
41	中国人民大学出版社	425	3	142
42	辽宁人民出版社	415	14	30
43	线装书局	394	15	26
44	宁夏人民出版社	360	16	23

续表

排序	出版社	学科被引频次/次	出版册数/种	册均被引频次/次
45	清华大学出版社	358	9	40
46	山东大学出版社	352	3	117
46	上海书画出版社	352	23	15
48	民族出版社	337	11	31
49	吉林大学出版社	324	11	29
50	江西教育出版社	309	13	24

注：①因部分出版社的出版册数及册均被引频次数据缺失，表中以"—"表示，只显示其学科被引频次指标；②计算册均被引频次指标时四舍五入取整数。

从表 5-29 可以看出，考古学学科出版社的学科被引频次指标前六名依次为文物出版社、中华书局、科学出版社、上海古籍出版社、生活·读书·新知三联书店、中国社会科学出版社。在 2007~2011 年的实证中，考古学学科出版社的学科被引频次指标前六名依次为中华书局、文物出版社、科学出版社、上海古籍出版社、中国社会科学出版社、商务印书馆。我们通过对比可知，考古学学科的被引影响力的前几名优势继续保持，其中，中华书局和文物出版社轮流居于第一位，科学出版社、上海古籍出版社与中国社会科学出版社变化不大。

为了从整体上对比前后两次实证结果的学科被引频次指标变化情况与相关程度，我们采用 SPSS 软件对 2007~2011 年实证的学科被引与 2012~2016 年实证的学科被引情况进行了相关性分析。对分析样本数量的选取，主要依据前后两次实证展示出的分学科高被引出版社名单交集的数量，将考古学学科出版社的相关分析 N 值设为 91，最后得到两个五年的学科被引频次相关性系数，如表 5-30 所示。

表 5-30 考古学学科出版社的学科被引频次指标相关性

项目		学科被引频次 （2007~2011 年）	学科被引频次 （2012~2016 年）
学科被引频次 （2007~2011 年）	spearman 相关系数	1.000	0.750**
	显著性（双尾）	.	0.000
	N	91	91
学科被引频次 （2012~2016 年）	spearman 相关系数	0.750**	1.000
	显著性（双尾）	0.000	.
	N	91	91

**相关性在 0.01 水平上显著（双尾）。

如表 5-30 所示,考古学学科出版社的学科被引频次指标在两个五年的指标表现呈现出显著性中度相关并接近高度相关,相关性系数为 0.750。这说明,考古学学科出版社保持稳定的学术影响力,前后具有较好的一致性;前后两次实证的指标测度各有侧重,从不同时间段和数据源角度反映了出版社的引文特征与引证规律,二者在实际应用时可以互相参考。

14. 地理学学科

我们按照出版社的学科被引频次排序,计算 h 指数核心区,选出地理学领域的高被引出版社 106 家,并统计这些出版社的出版册数、册均被引频次指标数值。然后,从中选出前 50 家高被引出版社,列表展示其学科被引频次、出版册数、册均被引频次指标数值,见表 5-31。

表 5-31 地理学学科高被引出版社的指标数值(2012~2016 年)

排序	出版社	学科被引频次/次	出版册数/种	册均被引频次/次
1	中华书局	10 010	55	182
2	商务印书馆	5 889	46	128
3	中国建筑工业出版社	2 456	98	25
4	社会科学文献出版社	2 159	82	26
5	科学出版社	2 042	55	37
6	上海古籍出版社	1 891	21	90
7	中国地图出版社	1 482	307	5
8	中国社会科学出版社	1 440	40	36
9	北京大学出版社	1 246	28	45
10	上海教育出版社	1 042	—	—
11	人民出版社	950	14	68
12	上海人民出版社	839	30	28
13	甘肃人民出版社	826	10	83
14	新疆人民出版社	773	61	13
15	岳麓书社	745	9	83
16	巴蜀书社	668	8	84
17	四川人民出版社	654	18	36
18	三秦出版社	627	52	12
19	四川大学出版社	618	33	19
20	山东教育出版社	568	3	189
21	生活·读书·新知三联书店	514	—	—

续表

排序	出版社	学科被引频次/次	出版册数/种	册均被引频次/次
22	文物出版社	513	15	34
22	上海书店出版社	513	43	12
24	上海辞书出版社	492	6	82
25	中国旅游出版社	488	513	1
26	复旦大学出版社	478	14	34
27	江苏人民出版社	472	58	8
28	重庆出版社	470	61	8
29	中州古籍出版社	463	76	6
30	广东人民出版社	462	46	10
31	云南人民出版社	445	116	4
32	山西人民出版社	418	38	11
33	陕西人民出版社	402	25	16
34	同济大学出版社	393	15	26
35	黑龙江教育出版社	388	11	35
36	安徽教育出版社	381	4	95
37	浙江人民出版社	367	54	7
38	黑龙江人民出版社	356	20	18
39	世界知识出版社	346	34	10
40	中国大百科全书出版社	344	58	6
41	浙江古籍出版社	343	38	9
42	华东师范大学出版社	339	8	42
43	北京出版社	336	42	8
44	民族出版社	333	35	10
45	清华大学出版社	329	116	3
46	福建人民出版社	323	10	32
47	西南师范大学出版社	320	7	46
48	中国青年出版社	312	44	7
49	云南民族出版社	306	28	11
49	新华出版社	306	38	8

注：①因部分出版社的出版册数及册均被引频次数据缺失，表中以"—"表示，只显示其学科被引频次指标；②计算册均被引频次指标时四舍五入取整数。

从表 5-31 可知，2012~2016 年地理学学科出版社的学科被引频次指标前五名依次为中华书局、商务印书馆、中国建筑工业出版社、社会科学文献出版社、科学出版社。参照第一次的实证结果，2007~2011年人文地理学学科高被引出版社的学科被引频次指标前五名依次为中华书局、商务印书馆、上海古籍出版社、科学出版社、上海人民出版社。对比这两个时间段的统计结果发现，中华书局、商务印书馆在地理学学科领域的学科被引频次与册均被引频次指标均遥遥领先，分别稳居第一、第二位，充分显示出其强劲的持续性影响力；上海古籍出版社从第三位降为第六位，科学出版社从第四位降为第五位，上海人民出版社从第五位降为第十二位；中国建筑工业出版社异军突起，从第二十六位上升为第三位；社会科学文献出版社从第十八位上升为第四位；中国地图出版社从第十六位上升为第七位。其中，中华书局、商务印书馆、科学出版社在地理学领域的长期学术影响力表现相对稳定。总之，两次实证结果从不同时间段与数据源揭示了该学科领域影响较大的重要出版社，虽然存在归类范围差异，但仍然具有较好的一致性，只是后面出版社的排序起伏较大。

为了从整体上对比前后两次实证结果的学科被引频次指标变化情况与相关程度，我们采用SPSS软件对2007~2011年实证的学科被引与2012~2016年实证的学科被引情况进行了相关性分析。对分析样本数量的选取，主要依据前后两次实证展示出的分学科高被引出版社名单交集的数量，将地理学学科出版社的相关分析N值设为27，最后得到两个五年的学科被引频次相关性系数，如表5-32所示。

表5-32 地理学学科出版社的学科被引频次指标相关性

项目		学科被引频次 （2007~2011年）	学科被引频次 （2012~2016年）
学科被引频次 （2007~2011年）	spearman相关系数	1.000	0.640**
	显著性（双尾）	.	0.000
	N	27	27
学科被引频次 （2012~2016年）	spearman相关系数	0.640**	1.000
	显著性（双尾）	0.000	.
	N	27	27

**相关性在0.01水平上显著（双尾）。

如表5-32所示，地理学学科出版社的学科被引频次在两个五年的指标表现在0.01水平上显著性中度相关，相关性系数为0.640。这说明，该学科出版社前后两次实证的指标测度各有侧重，从不同角度反映了出版社的引文特征与引证规律，在实际应用时可以互相参考，以防止使用单一指标带来的偏差，跟其他大部分学科出版社较为类似。

15. 环境科学与资源利用学科

我们按照出版社的学科被引频次排序，计算 h 指数核心区，选出环境科学与资源利用领域高被引出版社 103 家，并统计这些出版社的出版册数、册均被引频次指标数值。然后，从中选出前 50 家高被引出版社，列表展示其学科被引频次、出版册数、册均被引频次指标数值，见表 5-33。

表 5-33 环境科学与资源利用学科高被引出版社的指标数值（2012～2016 年）

排序	出版社	学科被引频次/次	出版册数/种	册均被引频次/次
1	中国环境出版社	31 466	204	154
2	化学工业出版社	28 439	333	85
3	科学出版社	19 138	495	39
4	中国建筑工业出版社	10 459	117	89
5	法律出版社	4 909	69	71
6	清华大学出版社	3 354	28	120
7	气象出版社	3 257	35	93
8	北京大学出版社	2 784	30	93
9	吉林人民出版社	2 511	15	167
10	同济大学出版社	2 349	18	131
11	海洋出版社	1 996	73	27
12	机械工业出版社	1 988	26	76
13	社会科学文献出版社	1 862	67	28
14	中国政法大学出版社	1 850	29	64
15	人民出版社	1 513	59	26
16	中国人民大学出版社	1 342	19	71
17	中央编译出版社	1 335	9	148
18	中国电力出版社	1 310	38	34
19	商务印书馆	1 308	5	262
20	上海人民出版社	1 290	10	129
21	国防工业出版社	1 264	24	53
22	中国水利水电出版社	1 229	95	13

续表

排序	出版社	学科被引频次/次	出版册数/种	册均被引频次/次
23	中国林业出版社	1 216	46	26
24	中国轻工业出版社	1 131	12	94
25	中国农业出版社	1 091	56	19
26	中国法制出版社	1 089	33	33
27	中国社会科学出版社	1 042	64	16
28	人民卫生出版社	1 020	23	44
29	经济科学出版社	945	73	13
30	武汉大学出版社	924	21	44
31	地质出版社	908	45	20
32	中国科学技术出版社	894	20	45
33	人民交通出版社	845	6	141
34	中国财政经济出版社	794	17	47
35	东南大学出版社	789	13	61
36	湖南人民出版社	707	12	59
37	重庆大学出版社	706	6	118
38	中国经济出版社	687	24	29
39	南京大学出版社	657	21	31
40	湖南科学技术出版社	608	19	32
41	新华出版社	599	21	29
42	知识产权出版社	590	45	13
43	重庆出版社	561	8	70
44	华东师范大学出版社	555	3	185
45	湖南教育出版社	545	8	68
46	复旦大学出版社	530	11	48
47	石油工业出版社	521	11	47
48	上海科学技术出版社	455	30	15
49	人民教育出版社	443	3	148
50	人民法院出版社	421	5	84

注：计算册均被引频次指标时四舍五入取整数。

从表 5-33 可以看出，环境科学与资源利用领域出版社的学科被引频次指标前三名依次为中国环境出版社、化学工业出版社、科学出版社。在 2007~2011 年的实证中，环境科学学科出版社的学科被引频次指标前三名依次为人民出版社、中国环境出版社、科学出版社。我们通过对比可知,中国环境出版社、科学出版社在环境科学与资源利用领域的学科被引影响力优势明显且持久,其他出版社的指标排序则变化较大。

为了从整体上对比前后两次实证结果的学科被引频次指标变化情况与相关程度,我们采用SPSS软件对2007~2011年实证的学科被引与2012~2016年实证的学科被引情况进行了相关性分析。对分析样本数量的选取,主要依据前后两次实证展示出的分学科高被引出版社名单交集的数量,将环境科学与资源利用学科出版社的相关分析 N 值设为46,最后得到两个五年的学科被引频次相关性系数,如表5-34所示。

表5-34 环境科学与资源利用学科出版社的学科被引频次指标相关性

项目		学科被引频次 (2007~2011年)	学科被引频次 (2012~2016年)
学科被引频次 (2007~2011年)	spearman相关系数	1.000	0.536**
	显著性(双尾)	.	0.000
	N	46	46
学科被引频次 (2012~2016年)	spearman相关系数	0.536**	1.000
	显著性(双尾)	0.000	.
	N	46	46

**相关性在0.01水平上显著(双尾)。

如表5-34所示,环境科学与资源利用学科出版社的学科被引频次指标在两个五年的指标表现呈现出显著性中度相关,相关性系数为0.536。这说明,前后两次实证的指标在数据源与学科归类范围上各有侧重,分别从不同角度反映了出版社的引文特征与引证规律,二者在实际应用时可以互相参考,以防止使用单一数据来源带来偏差。

5.4.3 辐射性指标分析

辐射性指标是为了测评学术出版社的跨学科性而提出的测评指标,主要通过出版社的高被引跨学科数、跨学科总数与跨学科指数反映出来。辐射性指标可以反映出版社的跨学科综合影响力,我们也可以由此发现那些更倾向于向综合性学术出版社发展的学术性出版社。

与 2007~2011 年的实证结果不同的是,在 2012~2016 年实证的自然科学、人文社会科学总体文献引证分析中,出版社的高被引跨学科数指标表现较好,该指标可以较好地反映出版社的学科辐射质量;而跨学科总数与跨学科指数则从不同角度反映了出版社的学科辐射数量。因此,我们按照出版社的高被引跨学科数指标排序,取前 100 名出版社,同时展示这些出版社的跨学科总数、跨学科指数的指标数值,如表 5-35 所示。

表 5-35　出版社的辐射性指标数值(2012~2016 年)

排序	出版社	高被引跨学科数/个	跨学科总数/个	跨学科指数
1	科学出版社	104	169	0.778
2	北京大学出版社	69	156	0.779
3	清华大学出版社	65	161	0.718
4	中国人民大学出版社	60	134	0.766
5	化学工业出版社	54	149	0.665
6	机械工业出版社	49	143	0.650
6	上海科学技术出版社	49	139	0.736
8	中国社会科学出版社	41	139	0.760
9	上海人民出版社	36	155	0.737
10	商务印书馆	35	144	0.629
11	社会科学文献出版社	34	136	0.748
12	人民卫生出版社	33	107	0.655
13	国防工业出版社	32	120	0.674
14	科学技术文献出版社	28	142	0.713
15	电子工业出版社	27	126	0.575
16	复旦大学出版社	26	157	0.786
17	人民出版社	25	140	0.551
18	中华书局	24	116	0.503
19	生活·读书·新知三联书店	23	100	0.748
20	华夏出版社	21	122	0.683
20	中国建筑工业出版社	21	118	0.347
22	中国农业出版社	20	131	0.573
22	经济科学出版社	20	130	0.648
24	中国科学技术出版社	19	148	0.824
25	天津科学技术出版社	18	131	0.752
26	中国水利水电出版社	17	132	0.604

续表

排序	出版社	高被引跨学科数/个	跨学科总数/个	跨学科指数
26	中国轻工业出版社	17	127	0.593
26	辽宁科学技术出版社	17	123	0.775
26	法律出版社	17	95	0.507
30	广西师范大学出版社	16	134	0.749
31	中国林业出版社	15	119	0.538
31	上海古籍出版社	15	85	0.515
33	武汉大学出版社	14	155	0.791
33	湖南科学技术出版社	14	145	0.738
33	华东师范大学出版社	14	127	0.582
36	北京师范大学出版社	13	135	0.642
36	中国铁道出版社	13	118	0.569
38	中国环境出版社	12	131	0.496
38	中国电力出版社	12	104	0.436
40	海洋出版社	11	149	0.666
40	上海科学技术文献出版社	11	143	0.832
42	上海交通大学出版社	10	157	0.812
42	北京理工大学出版社	10	131	0.700
42	中国财政经济出版社	10	120	0.636
42	人民邮电出版社	10	115	0.542
42	上海教育出版社	10	106	0.508
42	中国政法大学出版社	10	81	0.474
48	气象出版社	9	119	0.439
48	人民教育出版社	9	118	0.376
50	浙江大学出版社	8	162	0.852
50	东南大学出版社	8	157	0.627
50	四川文艺出版社	8	131	0.755
50	中国科学技术大学出版社	8	131	0.755
50	西安交通大学出版社	8	128	0.659
50	中国经济出版社	8	125	0.700
50	地质出版社	8	103	0.365
50	人民交通出版社	8	96	0.348
50	中国农业科学技术出版社	8	89	0.655
50	上海译文出版社	8	84	0.629
50	教育科学出版社	8	79	0.372

续表

排序	出版社	高被引跨学科数/个	跨学科总数/个	跨学科指数
61	四川科学技术出版社	7	138	0.789
61	湖北科学技术出版社	7	133	0.641
61	天津大学出版社	7	123	0.737
61	石油工业出版社	7	115	0.327
61	中国人民公安大学出版社	7	95	0.515
61	中国法制出版社	7	78	0.526
67	同济大学出版社	6	141	0.609
67	学苑出版社	6	136	0.712
67	上海科技教育出版社	6	117	0.759
67	中国劳动社会保障出版社	6	108	0.656
67	中共中央党校出版社	6	92	0.633
67	黄河水利出版社	6	89	0.648
67	上海财经大学出版社	6	87	0.673
67	浙江教育出版社	6	81	0.517
67	上海文艺出版社	6	58	0.651
76	江苏人民出版社	5	134	0.701
76	中南大学出版社	5	131	0.738
76	民族出版社	5	99	0.663
76	东北财经大学出版社	5	80	0.653
76	中国金融出版社	5	66	0.411
76	人民文学出版社	5	57	0.289
76	人民法院出版社	5	45	0.525
83	北京出版社	4	148	0.758
83	华中科技大学出版社	4	144	0.759
83	南京大学出版社	4	140	0.748
83	知识产权出版社	4	137	0.685
83	新华出版社	4	130	0.645
83	南开大学出版社	4	117	0.735
83	中国大百科全书出版社	4	110	0.510
83	中国统计出版社	4	85	0.429
83	中央文献出版社	4	80	0.470
83	外语教学与研究出版社	4	66	0.371
83	文物出版社	4	62	0.426
83	中国方正出版社	4	57	0.633

续表

排序	出版社	高被引跨学科数/个	跨学科总数/个	跨学科指数
83	上海外语教育出版社	4	55	0.376
83	中国检察出版社	4	53	0.539
97	厦门大学出版社	3	144	0.778
97	山东人民出版社	3	141	0.760
97	广东人民出版社	3	133	0.771
97	中国青年出版总社	3	129	0.700

从表 5-35 可以看出，科学出版社在高被引跨学科数与跨学科总数两个指标中均稳居第一，这显示出其在整个学科体系中突出的综合影响力。在中国引文数据库所囊括的 173 个自然科学和社会科学二级学科中，科学出版社的被引影响力覆盖 169 个学科，而且其在 104 个学科中都是排名前 10 的高被引出版社。表 5-35 还显示，跨学科总数指标排名前 20 的出版社大部分为科技领域的综合性出版社或综合性大学出版社，而人文社会科学领域出版社的跨学科被引则相对较少。这说明，自然科技领域的出版社可以向人文社科领域图书进行跨界出版，而人文社科领域的出版社则不易跨界到自然科技领域。而且，在高被引跨学科出版社中，有 21 家出版社在至少 21 个学科被引中位居前 10 名（即高被引跨学科数至少为 21），这些高被引跨学科出版社，既包括科技类综合性出版社和大学出版社，也包括社会科学领域的老牌知名出版社如中国社会科学出版社、商务印书馆与社会科学文献出版社等。我们在数据统计中还发现，高被引跨学科出版社排序还出现了明显的"长尾现象"，这说明能在多个学科中发挥强大学术影响力的高被引出版社仍然是少数。

如上所述，高被引跨学科数可以较好地反映出版社的学科辐射质量，而跨学科总数与跨学科指数则从不同角度反映了出版社的学科辐射数量。为了更具体地分析出版社的这三个辐射性指标之间的相关性与重要性，我们采用 SPSS 软件对其进行相关性分析，得到如表 5-36 所示的相关性系数。

表 5-36 出版社辐射性指标的相关性

项目		高被引跨学科数	跨学科总数	跨学科指数
高被引跨学科数	spearman 相关系数	1.000	0.402[**]	0.156
	显著性（双尾）	.	0.000	0.121
	N	100	100	100

续表

项目	项目	高被引跨学科数	跨学科总数	跨学科指数
跨学科总数	spearman 相关系数	0.402**	1.000	0.688**
	显著性（双尾）	0.000	.	0.000
	N	100	100	100
跨学科指数	spearman 相关系数	0.156	0.688**	1.000
	显著性（双尾）	0.121	0.000	.
	N	100	100	100

**相关性在 0.01 水平上显著（双尾）。

表 5-36 显示，高被引跨学科数与跨学科总数在 0.01 水平上低度相关，相关系数为 0.402，而其与跨学科指数的相关性在 0.01 水平上不显著；跨学科总数与跨学科指数则呈现出显著性中度相关，相关系数为 0.688。这进一步说明，高被引跨学科数是质量指标，在辐射性指标中具有一定的独立性，它反映了出版社在学科高被引中的分布情况与跨学科影响的质量；跨学科总数与跨学科指数是数量指标，二者在辐射性指标中具有较强的关联性，共同反映了出版社在每个学科中被引的基本情况与跨学科影响的数量。可见，这些指标从不同侧面揭示了出版社的跨学科被引特点与学科分布规律，在辐射性指标的权重配置中，高被引跨学科数是最重要的辐射性指标，可以考虑被赋予最高权重，而跨学科总数次之，跨学科指数最次。因此，我们在实际应用时可以综合考虑，根据评价目标选择性使用多个指标，通过权重赋值防止使用单一指标带来偏差。

第六章

研究结论

如前所述,由于受前几年我国出版社转企改制的影响,学术出版领域出现了经济效益与社会效益不平衡、学术影响力弱化、专业特色不明显、学术出版门槛下降等不良现象与负面影响。在图书出版领域,"大众化"似乎天然排斥"精品化":受市场经济利益的驱动,图书出版商往往乐此不疲地迎合受众口味,协同媒体炒作推出所谓的畅销书,希望借此获得销售总额的增长。其实,出版越是大众化,就越需要重新认识非大众化或精品化的意义,大众化的市场空间与小众化的专业思路应该是相辅相成的。当前最应该避免的是出版的泛大众化,尤其是跟风现象和同质化竞争,最需要的是专业意识、创新精神和精品意识[1]。因此,客观测评出版社的学术影响力与专业分布特征,引导我国出版社重视学术出版、突出专业特色,这在当前具有较强的研究价值与现实意义。

---

[1] 刘远军. 韩日图书出版"式微"下的国际化之路及其对中国的启示. 科技与出版,2015,(9):103-106.

> 本章将对第四章和第五章的实证结果与指标表现进行解释与分析，从学科整体、分学科领域与研究方法等方面得出本书的研究结论。研究表明，三类文献计量指标可以从各自角度反映出版社的整体学术影响力及分学科学术影响力，侧面揭示出我国出版社在转企改制中出现的专业性弱化问题，从而促使学术出版社保持适当的学术性、专业独特性以及应有的学术影响力。

6.1 从学科整体看学术性指标与辐射性指标

学术性指标的研究结果表明，出版社的总被引频次指标与高被引图书数指标的排序基本一致，这反映出我国高影响力出版社具有较强的精品意识，致力于打造精品图书，以此来提升出版社的整体学术影响力。此外，两家或两家以上的出版社以合作的形式联合出版图书，可以实现优势互补，扩大影响，是一种值得探索的图书出版模式。从时间维度看，2007~2011 年与 2012~2016 年各出版社的总被引频次指标数值及排序略有变化，但基本保持同步、稳定的增减状态。

辐射性指标的研究结果表明，在跨学科高被引出版社统计中，由于学科特点与引文规律不同，某些出版社的跨学科影响力的形成是由这些学科本身的渗透性所导致。其辐射性指标一方面反映了某出版社的跨学科特点，另一方面也反映了该出版社所在学科特有的方法工具性及学科渗透性，如中国统计出版社。在 2012~2016 年的实证结果中，跨学科总数指标排名前 20 的出版社均为科技领域的综合性出版社或综合性大学出版社，而人文社会科学领域出版社的跨学科被引则相对较少，这也反映出自然科技领域的出版社可以向人文社科领域图书进行跨界出版，而人文社科领域的出版社则不易跨界到自然科技领域。

学术性指标与辐射性指标的研究结果共同表明，知名综合性学术出版社无论在总被引频次指标还是在学科被引频次指标方面都表现突出，甚至在某些学科中比专业性学术出版社表现还好，这充分显示出综合性出版社的规模效应与品牌优势。高被引跨学科数是辐射性指标中的质量指标，在辐射性指标中具有一定的独立性，它反映了出版社在高被引学科中的分布情况与跨学科影响的质量；而跨学科总数与跨学科指数均属于数量指标，二者在辐射性指标中具有较强的关联性，共同反映了出版社在每个学科被引中的基本情况与跨学科影响的数量。

6.2 从分学科领域看专业性指标

但是，如果从分学科领域看出版社的专业性指标，则发现我国专业性出版社的学术影响力尚有不足，还有较大发展空间。专业性指标研究结果表明，在各学科高被引出版社中，学科被引频次指标数值最高的一般是综合性出版社，专业性出版社通常位居第二及其后，这一分布特点反映出当前我国各学科专业出版社的共性，也是专业性出版社今后发展中的短板，值得高度重视和深入研究。实际上，我国的很多专业性出版社都在走非专业出版的道路，比如，热衷于出版大众生活类、教育类图书，普遍有教材情结，这就使其原有的专业特色逐渐淡化，丢失了自身的优势，其品牌特色和市场份额也因此丧失或减少。

分析这一结果形成的原因，笔者认为这应该是出版社企业化转型初期出现的正常现象。在市场竞争的压力下，我国的专业出版社不得不跨学科出版图书来提高销售市场占有率与经济效益，这无形中挤压了学术市场与社会效益的发展空间，导致我国出版社的专业性特点不够明显。然而，在网络经济与全媒体蓬勃发展的时代，新的出版产业形态不断涌现、融合、创新与发展，这给规模小、学科单一、影响力有限的专业出版社的传统发展模式带来了前所未有的机遇与挑战。反观欧美国家一些著名的学术出版社，它们很多都是具有鲜明特色的专业性出版社，这些专业出版社的生存与发展，有几个共同特点值得我国出版社借鉴：具有专业出身背景；拥有极强的专业产品线和产品族；由专业产品开拓专业市场；走专业扩展的路径，从初始的专业发展成为某一领域的强势出版社，具备实力后通过兼并同类出版机构成为该专业领域的出版巨头和专业出版集团；重视专业品牌建设，不断围绕品牌开展业务，品牌又促进其不同产品形态的立体化发展[1]。

---

[1] 钱明丹，张宏. 专业出版的由专而强之路——国际专业出版及其对我国出版业的启示. 出版广角，2009，(4)：40-41.

根据文化体制改革精神，我国的出版单位分为公益性出版事业单位和经营性出版企业单位，目前除人民出版社、民族出版社、中国盲文出版社、中国藏学出版社为公益性出版社外，绝大多数出版社已经转型为出版企业单位[①]。对于这些已经转型的专业性学术出版社来说，不能一味以码洋、利润作为考核指标，还要因其"专、精、特"的特色经营模式，从社会效益和经济效益两方面综合考核[②]，引导学术出版社保持学科独特性，逐步实现差异化、个性化、特色化发展。借鉴欧美国家的专业出版经验，我国的学术出版社应首先坚持走专业化道路，从本专业出版内容的"小"到"精"，再到形成出版社及产品品牌的"硬"，走向本专业出版的"强"，最后走向专业出版的"大"，不断拓宽出版渠道和形态立体化发展[③]。总之，专业特色是在专业出版领域建立起自身权威品牌的最佳推手，我国的出版社应合理定位与谋划，有效平衡经济市场与学术市场之间的关系，从而实现可持续发展。

6.3 从研究方法与实证结果看各学科之间的差异性

本书的研究方法包括文献调研、指标设计与实证分析，其中，实证分析主要是采用研究设计的三类文献计量指标进行出版社学术影响力分析，共分为两大部分。第一部分主要考察我国出版社在2007~2011年人文社会科学论文中的被引情况，统计遴选出362家人文社会科学高被引出版社及25个学科的分学科高被引出版社，并计算出其他引文指标数值。第二部分主要以这362家出版社为分析样本，考察其2012~2016年在整个自然科学和社会科学领域的学术影响力，包括总体学科的影响力、部分人文社会科学的影响力以及跨学科的影响力。

比较2007~2011年与2012~2016年两个时段及数据来源的实证结果，我们可以从时间维度和学科维度上发现我国出版社前后五年的指标变化情况。从时间维度看，总被引频次指标位居前15名的出版社名单变化不大，排名先后次

---

① 张贺.《深化新闻出版体制改革实施方案》出台. 人民日报, 2014年10月13日, 第4版.
② 邢媛媛. 专业性大学出版社的发展之路——以中央音乐学院出版社为例. 科技与出版, 2011, (12): 26-27.
③ 钱明丹, 张宏. 专业出版的由专而强之路——国际专业出版及其对我国出版业的启示. 出版广角, 2009, (4): 40-41.

序略有变动,这说明实力雄厚的老牌出版社具备可持续的竞争力与影响力。从学科维度看,人文社会科学领域的科研活动及其对图书的引证行为具有一定程度的同质性与稳定性,而包括自然科学和社会科学的整个学科体系的科研活动及其对图书的引证行为则显得更为复杂多变,体现在引证指标方面就是排序结果的分散性和多元化。

具体到人文社会科学领域的各学科之间,图书与出版社的文献引证规律也同样存在着学科差异性。本书从两次实证结果中选择大致具有学科对应关系的15个人文社会科学学科,采用 SPSS 软件进行出版社被引指标的相关性分析。研究发现,大部分学科表现为在 0.01 水平上显著性中度正相关或高度正相关。其中,呈高度正相关的学科有哲学学科,相关系数为 0.836;呈中度正相关的学科最多,且有些学科接近高度正相关,例如,马克思主义学科相关系数为 0.616,心理学学科相关系数为 0.756,宗教学学科相关系数为 0.787,人口与计划生育学科相关系数为 0.706,民族学学科相关系数为 0.778,政治学学科相关系数为 0.673,军事学学科相关系数为 0.629,新闻与传媒学科相关系数为 0.598,图书情报与数字图书馆学科相关系数为 0.618,考古学学科相关系数为 0.750,地理学学科相关系数为 0.640,环境科学与资源利用学科相关系数为 0.536;呈低度正相关的学科有两个,体育学学科相关系数为 0.425,文化学学科相关系数为 0.418。

6.4 研究不足与展望

在本书的实证研究中,因受限于出版社文献计量指标数据的获取条件,关于出版社的学术性指标、专业性指标与辐射性指标的实证分析尚存在不足。理论上讲,图书与出版社的学术影响力指标除了被论文引用指标,还应包括被图书引用指标、图书借阅指标、图书发行指标、图书销量指标、图书评论指标,以及其他各种网络衍生指标。但在实际操作中,这些指标数据的搜集与储备都需要长期积累。目前,相关的数据库或者正在建设中,或者无法获取高质量数据,我们只能以被学术论文引用的文献引证情况为例进行实证分析,在局部范围内研究和分析出版社的文献引证指标与学术影响力。

当前,随着社交网络媒体与大数据环境的形成,科研成果开始在学术社交网络媒体被分享与传播。社交网络具有高度连通性，信息在网络中传播的门槛几乎为零。随着社交网络的蓬勃发展，公众在社交网络上的参与程度不断提高，每天都有数以亿计的人们在社交网络上分享思想，其中也包括科研成果的思想。而且，越来越多的科学研究工作者通过博客、微博、微信等社交媒体工具和网址，来获取、分享、传播和评价科研成果及学术资源。同时，学术期刊危机的出现及网络技术的不断创新，也催生了论文传播交流体系的变革及学术论文开放获取运动的兴起。于是，出版形式的多样化、科研成果传播的网络化以及资源获取的低成本化，使得越来越多的原创性最新成果发表在开放获取的数字出版平台上，并通过社交网络媒体实现快速的学术信息传播[①]。因此，科研成果的内容传播在学术社交网络媒体中同时发挥着学术影响力与社会影响力，两种影响力之间的界限也在网络环境下变得越来越模糊。

  本书从传统的引文分析视角揭示了出版社学术影响力的单个引证指标数值及排序，这是文献计量学方法用于出版社学术影响力分析的基本模式。在此基础上，如果要进行多维度的指标加权赋值与综合评价排名，还需要通过社会调研或网络媒体广泛征集和获取多方评价主体的主观判断，才能构建出版社学术影响力评价指标体系。在这里，我们并未对出版社进行指标赋值与综合排名，而是按总被引频次指标排序，并按多指标列表展示，主要目的是为使用者提供单指标参考，以便根据评价目标考虑各指标的重要性，按实际需要为指标权重赋值、构建指标体系并实施综合评价。

  综上所述，展望未来关于出版社学术影响力的理论研究与评价实践，还需要从数据来源和指标设计的多元化与广泛性，以及指标权重配置的科学性与灵活性方面进一步深入研究与探索，从而为图书质量控制与出版社科学发展提供应有的参考。

---

① 王贤文. 科学计量大数据及其应用. 北京：科学出版社，2016：119.